弟子の視点から読み解く

論語

漢文ライブラリー

謡口　明
著

朝倉書店

はじめに

『論語』は、二千五百年の間、東アジアを中心に読み継がれ、人々に絶大な影響を与えた書である。孔子の言行を弟子たちが没後にまとめた書であるとも言われている。孔子のその人間像は、時代の経過とともに、「優れた人間」「偉大なる人物」「聖人」と高い評価が与えられ続け、完全無欠な人物とまで言われ、今日まで伝承されてきているのである。

春秋末期に魯の国で生まれた孔子は、父を三歳で失う不遇な家庭環境の中で育ち、父のことも知らされず母と子の家庭で成長した。孔子の生きた時代は周王朝の権威が失墜し、社会秩序が乱れて政治的な混乱が続き、戦国時代へと傾斜を深める下克上の時代であった。

そのような時代に生きた、孔子は十五歳で学に志す。その学問によって人格を陶冶する。そして、仁に基づく社会をめざし君子を育成し、社会秩序を回復し、周王朝建国当初の社会へと復活をめざす遠大な理想を掲げ、生涯をかけて活動したのである。時代の状況と逆行する「仁」という人間らしさ、「徳」に基づく政治を掲げたために、孔子は生涯、失敗や挫折を経験する。そのような経験を通して、孔子は自らの生きた時代に理想社会の実現が不可能だと悟り、自らの理想を後世へ伝えてくれる人材を育成することに情熱を注ぐのである。孔子は伝承してほしい内容を弟子たちに伝えるにあたって、伝達方法に工夫を凝らしている。孔子は自らの理想として重要な「仁」「礼」など抽象的な言葉や論理で説明していない。「仁」や「礼」について質問する弟子たちの資質能力・人物像を考慮しながら、実践方法・到達目標を具体的に提示して説明しているのである。孔子の真意・『論語』の本質解明のためには、弟子たちが孔子の言葉をどのように受容したかを考察し、その上で、孔子の真意をどのように『論語』にまとめ、編集して後世へ伝えていこうとしたかを究明することが重要な鍵を握っている。つまり、弟子の視点から読み解くことによって、孔子の真意や『論語』の章句の本質が解明できるのである。

本書は、そのような視点から『論語』を解明しようとした新しい試みの書である。ただ、紙幅の関係で『時代を超えて楽しむ『論語』』（朝倉書店、二〇一二）に取り上げた章は、解説などで概要を述べておくにとどめた。また、十三名の弟子を選び紹介したが、『論語』に多くの章が掲載される子路や子貢の弟子がいる一方で、冉伯牛のように一章しか掲載がない弟子もいた。取り上げ方に工夫をしながら、今後さらに考究を深め、『論語』にかかわる諸課題を解明していきたいと考えている。

二〇一九年五月

謡口　明

目　次

凡例

一、原文は「斯文会訓点論語」を基本にしながら、諸書を校勘したものを原文とした。原文には返り点のみをつけ、送り仮名は省略した。

一、書き下し文については、歴史的仮名遣いを用いた。弟子の姓・名・字、本書中の引用文献は歴史的仮名遣いを用いた。ただ、補説・解説等の一部で現代仮名遣いを用いた箇所がある。

一、【現代語訳】は「文献」で取りあげた諸書の解釈を比較し、現在の文章表現に適する解釈をこころがけた。

一、【語釈】は必要な語に限定して解説した。

一、【補説】は各章についての人物像や歴史的背景について解説した。

一、【解説】は弟子たちの人物像・思想傾向や価値観および孔子との師弟間の人間関係・時代背景などについて解説した。

一、コラムでは、弟子たちの功績や、従来と異なる弟子の評価について解説した。

一、本文中の文献については巻末の「文献」に一括してまとめた。また、引用した文献の人名は敬称を省略した。

I　顔淵（顔回）

姓は顔《がん》。名は回《くわい》。字は子淵《しえん》。魯の人。孔子より三十歳若い。孔門の十哲（徳行）。

門弟中で最も将来を期待された弟子。貧乏生活をしながら学問精進を続けた秀才。孔子より先に死に、天命に見捨てられたと孔子が絶望するほどの悲しみを与えた。

1　孔子の見る顔回像

孔子と顔回の初対面のときと思われる章がある。為政篇に「吾回《われくわい》と言《い》ふこと終日《しゅうじつ》、違《たが》はざること愚《ぐ》なるが如《ごと》し。退《しりぞ》きて其《そ》の私《わたくし》を省《み》れば、亦《ま》た以《もつ》て発《はつ》するに足《た》れり。回《くわい》や愚《ぐ》ならず。」とある。孔子は、終日入門後の心得や学問のとり組み方について、顔回に説明をしていた。最初、素直にうなずき聞いている顔回に感心しながら話をしていた。時間をかけて説明しているのに一言も質問も反論をしない顔回に、孔子はふっと疑惑の思いにかられる。この若者は、もしかすると「愚かな者ではないか」。孔子は、その日の説明が終わった翌日から顔回の言行を観察していた。観察をしていた孔子は、顔回の言動に驚嘆した。あの日顔回に話をした内容を寸分違わず実践し、学習している顔回に、「回や愚ならず」と聡明な逸材を見い出した驚きの言葉を述べている。

後に、孔子は顔回と一歳違いの秀才のほまれ高い子貢に、「女《なんぢ》と回《くわい》と孰《いづ》れか愈《まさ》れる」（公冶長篇）と尋ねている。孔子から、「おまえと顔回とどちらが優れているか」とのぶしつけな質問に対して、頭のよい子貢は、「回や一を聞きて以て十を知る。賜《し》（子貢）や一を聞きて二を知る。」と顔回の卓越した能力を評価する返事をしている。

その子貢の言葉に対して孔子は、自分はおまえと同じように顔回に及ばないところがあると告白している。

顔回はこのように頭脳明晰であるばかりでなく、日常生活は清貧に甘んじて質素に、そして粗末な住居に暮らす劣悪な環境のなかにあっても「回《くわい》や其《そ》の楽《たの》しみを改《あらた》めず」（雍也篇）と知的好奇心旺盛に学問精進を続ける。顔回は孔子が求める君子像をめざし、片時も怠らず努力する弟子であった。

そこで、孔子の顔回に対する評価・期待する思いを取りあげ、述べてみる。

一　子曰、語レ之而不レ惰者、其回也与。

子曰《い》はく、之《これ》に語《かた》りて惰《おこた》らざる者《もの》は、其《そ》れ回《くわい》なるか。

（子罕一九）

【現代語訳】先生が言われた。「私が学問の話をしているときに、いつも飽きず聞いているのは顔回ぐらいだろうな。」

【語釈】

語　古代の塾など学びの場で長老や老師が若者や弟子たちに教訓を暗唱して聞かせるのが原義である。

【解説】顔回は、日常生活において、どのようなときにも寸暇をおしんで学問精進を続けている。顔回は、なぜ孔子の言葉を飽きず、熱心に集中して聞いていたのか。

そのことについて古注・新注などの諸注では、顔回の卓越した理解力を指摘している。顔回は孔子の語るすべてのことを理解しようとする意欲をもって聞いている。孔子は顔回のために、必要とされる知識や学ぶべきことがらを意欲的に語っている。そのために、理解力抜群であるはずの顔回が、「顔淵喟《き》然《ぜん》として歎《たん》じて曰《い》はく、之《これ》を仰《あふ》げば弥々高《いよいよたか》く、之《これ》を鑽《き》れば弥々堅《いよいよかた》し。之《これ》を瞻《み》るに前《まえ》に在《あ》り、忽焉《こつえん》として後《しりへ》に在《あ》り。（仰げば仰ぐほど高く、切りこめば切りこむほどかたく感じられる。前におられるかと思えば、たちまち後に立っておられる。）」（子罕篇）とため息まじりに孔子のすごさに驚嘆の言葉を述べるのである。

顔回は、孔子が語る知識や教えを完璧に理解して、孔子の人となりについて本質を極めようと必死に努力する。師弟間の啐啄《さいたく》同時の緊迫感が伝わってくる。

それだからこそ、顔回に対する期待が他の弟子に対するものと比較にならないほど、人間的成長のみならず、将来に対する期待が並はずれたものになっていくのである。

二　子謂㆓顔淵㆒曰、惜乎。吾見㆓其進㆒也。未㆑見㆓其止㆒也。

（子罕二十）

子《し》顔淵《がんえん》を謂《い》ひて曰《い》はく、惜《を》しいかな。吾《われ》其《そ》の進《すす》むを見《み》るなり。未《いま》だ其《そ》の止《とど》まるを見《み》ざるなり。

【現代語訳】 先生は顔淵のことを評して言われた。「残念なことだなあ。私は顔回がいつも進歩するのを目にしていたのだが、（進歩し続けて）停滞していることを見たことはなかった。」

【解説】 この章について、顔回の生きていたときと没後では、若干見方が異なってくる。ただ、孔子と顔回の師弟間の教えの場における緊迫感や相乗効果の観点からすれば、生前・死後は関係ないことになる。この師弟間の向上意欲が他の弟子たちに影響を与え、孔子の学び舎には、意欲あふれる活気が満ちていたのである。

三　子曰、回也非㆓助㆑我者㆒也。於㆓吾言㆒無㆑所㆑不㆑説。（先進三）

子曰《い》はく、回《くわい》や我《われ》を助《たす》くる者《もの》に非《あら》ざるなり。吾言《わがげん》に於《お》いて説《よろこ》ばざる所《ところ》無《な》し。

【現代語訳】 先生が言われた。「顔回は私の学問の助けにはならない。私の言うことを聞いてばかりいるので。」

【解説】 顔回は、孔子の学問や思想など、すべてのものを貪欲に吸収しようとする態度で臨んでいた。孔子にとって顔回に対する不満といえば、受け入れるだけで、顔回からの感想や意見が聞かれないことであった。顔回は孔子のすごさを見抜いていた。顔回から見れば、孔子はとても近づくことのできない天賦の才能をもっていることを知っていた。そして、必ずや難問や課題を克服して、問題を解決する優れた能力のもち主だと、孔子に対する敬愛の念をもっていた。信じて見守ることが顔回の師に対する最良の方法だと考えていたのである。

四　子畏㆓於匡㆒。顔淵後。子曰、吾以㆑女為㆑死矣。曰、子在。回何敢死。（先進二二）

子《し》匡《きやう》に畏《ゐ》す。顔淵《がんゑん》後《おく》る。子曰《い》はく、吾女《われなんぢ》を以《もつ》て死《し》せりと為《な》せり。曰《い》はく、子在《しいま》す。回何《くわいなん》ぞ敢《あ》へて死《し》せん。

【現代語訳】 先生が匡の土地で災難にあわれた。顔回が（先生の一行に、はぐれて）おくれてしまった。（やっとめぐりあうと）先生が言われた。「私はお前が死んだのかと思ったよ。」（顔回は）言った。「先生が生きていらっしゃるのに、回（この私）がどうして死んだりしましょうか。」

【語釈】

匡　町の名。衛と宋との間にあった町であるが、現在のどこの地とするかについては、定説がない。

畏　おそろしい目にあう。災難にあう。

【補説】匡における災難について、諸説がある。孔子が前四九七年に魯国を去り、衛国に亡命し、諸国を遍歴することになるが、「匡人の難」「司馬桓魋《かんたい》の難」という災難にあう。この二つの災難は、孔子に悪感情をもつ司馬桓魋のしわざだとする説や、匡・蒲の間の危難は、同一時、同一地方での出来事が誤って二つの事件として伝説化されたとする説がある。とにかく、孔子一行が地方の軍隊の襲撃を受け、やっとの思いで危機を脱したという事件に遭遇したことを述べている。

【解説】危機的状況に遭遇した師弟。まず孔子一行の安全が確保されたなかで、顔回の消息が不明である。もしかしたら顔回が命を落としたかもしれないという暗雲がたちこめる最中、顔回が元気な姿を見せた。師弟は再会の喜びにつつまれる。顔回のことを自分の子どものように思っていた孔子は、「死んだのではないか」と不安であった思いを顔回に投げかける。その言葉を耳にした顔回は、「そこまで自分のことを案じていてくれたのか」という感激の思いがこみ上げてくる。先生より先に死に、先生を悲しませるようなことは、絶対にしたくない。孔子を自分の父と思うほど信頼する顔回は、親より先に死ぬような不孝をしたくないと自分の胸中の真情を吐露する。どのような苦難や困難な状況にあっても孔子を信じ、生きていくという顔回の必死の思いが伝わってくる。孔子の主張する生き方や思想が人間の社会に必要なものであり、それをしっかり受けとめ、世に広めていかなければという覚悟の気持ちを顔回は心に刻みつけているのである。

五　顔淵問レ仁。子曰、克レ己復レ礼為レ仁。一日克レ己復レ礼、天下帰レ仁焉。為レ仁由レ己。而由レ人乎哉。顔淵曰、請問二其目一。子曰、非レ礼勿レ視。非レ礼勿レ聴。非レ礼勿レ言。非レ礼勿レ動。顔淵曰、回雖二不敏一、請事二斯語一矣。（顔淵一）

顔淵《がんえん》仁《じん》を問《と》ふ。子曰《しい》はく、己《おのれ》に克《か》ち礼《れい》に復《かへ》るを仁《じん》と為《な》す。一日己《いちじつおのれ》に克《か》ちて礼《れい》に復《かへ》らば、天下《てんか》仁《じん》に帰《き》せん。仁《じん》を為《な》すは己《おのれ》に由《よ》る。而《しか》して人《ひと》に由《よ》らんや。顔淵曰《がんえんい》はく、請《こ》ふ其《そ》の目《もく》を問《と》ふ。子曰《しい》はく、礼《れい》に非《あら》ざれば視《み》ること勿《な》かれ。礼《れい》に非《あら》ざれば聴《き》くこと勿《な》かれ。礼《れい》に非《あら》ざれば言《い》ふこと勿《な》かれ。礼《れい》に非《あら》ざれば動《うご》くこと勿《な》かれ。顔淵曰《がんえんい》はく、回《くわい》不敏《ふびん》なりと雖《いへど》も、請《こ》ふ斯《こ》の語《ご》を事《こと》とせん。

【現代語訳】顔淵が仁について質問した。先生が言われた。「自分にうちかって礼の規則に立ち返ることが仁ということである。一日でも自分にうちかって礼の規則に立ち返ることができれば、天下の人が仁徳へと向かうだろう。仁を行うのは、自分自身の努力によるものである。他人の力にたよってできるものではない。」顔淵がさらにお尋ねした。「どうか仁の実践の細目をお聞かせください。」先生が言われた。「礼にはずれたことは見ない。礼にはずれたことは聞かない。礼にはずれたことは言わない。礼にはずれたことは行わない。」顔淵が言った。「私（回）は、至らないものですが、（先生の教えの）この言葉を実行できるよう努力したいと思います。」

【語釈】

復礼　「復」は立ち返る。「礼」は社会的な規則や規範。社会習慣。礼法。「復」を「ふム」と読み、礼を実践するという説がある。

天下帰仁　天下中の人が仁徳を身につけ、仁にあふれる社会となる。
由人　他人に頼る。
目　細目。具体的な実践項目。
非礼勿視　礼にはずれたことは見ない。社会生活をする上で「礼にはずれたことを見ない」で過ごせることはない。ここでは礼にはずれたことを見ても、それに染まらず、正しいあり方を心に刻みつけておくことをいっている。以下に「聴」「言」「動」の日常の卑近な事例について注意するように、孔子は顔回に述べている。
雖不敏　至らないもの、不出来なものの意。『論語』では、孔子の教えの言葉を聞いたとき、先生の言葉を実行するには不適切な者であるという謙遜の言葉を述べ、実践に努力するようにしている。
事斯語　「事」は「ことトス」と読み、「努力する」の意。「斯語」は孔子の述べた「非礼」なことを「見・聞・言・動」してはならないことをいう。

【補説】『論語』のなかで、弟子たちの「問仁」の章は、顔淵・仲弓・司馬牛（顔淵篇）・樊遅（顔淵篇・子路篇）『子張問仁於孔子』（陽貨篇）の五章にある。そのなかで、この章の問答が一番理論的である。貝塚茂樹は次のように述べている。

「孔子のことばは、狭い自我を乗り越えて、大きい社会的な自我に目ざめ、礼の規則に自覚的に服従することが仁の本質である。（略）とくに君主たるものが、一日仁の立場に立って政治を行なえば天下の民がこれに帰服するという考え方は、後の孟子の、王道によって天下を統一できるという論法とよく似ている。これは、春秋末の孔子のもとの考え方に、戦国初期の孔子の孫弟子たちの、とくに子思《しし》たち以降の時代の儒教思想の解釈が、付加されていると見られる。」

【解説】孔子は顔回に、「仁」の本質を語り、それを顔回が正確に受容し、後の時代へ伝えてくれることを期待していたのである。顔回は孔子の意図を察して、「回不敏なりと雖も、請ふ斯の語を事とせん」と決意のほどを表明している。孔子の解説の特徴は、「仁」についての抽象的な概念規定を語らず、「仁」の実践的方法論を述べ、弟子たちに理解させている。孔子没後に「仁」の本質の解明をしようと弟子たちは考察し、理論構築や解釈のための努力をする。「仁」については、概念規定の論議が長く続いていた。しかし、孔子が「一貫の道」として述べたことを曾子が「忠恕」だと理解した。また孔子が、「一言で終世行われるべき」言葉として子貢に「恕」と述べている。この「忠恕」と「恕」の言葉が、時代を重ねて後代に伝承されていき、「仁」の本質概念だと考えられるようになってきた。今日では「仁」は「愛」及び「思いやり・人間愛」として広く世にいきわたってきているのである。

六　顔淵問レ為レ邦。子曰、行二夏之時一、乗二殷之輅一、服二周之冕一、楽則韶舞、放二鄭声一、遠二佞人一。鄭声淫、佞人殆。

（衛霊公一〇）

顔淵《がんゑん》邦《くに》を為《をさ》めんことを問《と》ふ。子曰《しい》はく、夏《か》の時《とき》を行《おこな》ひ、殷《いん》の輅《ろ》に乗《の》り、周《しう》の冕《べん》を服《ふく》し、楽《がく》は則《すなは》ち韶舞《せうぶ》、鄭声《ていせい》を放《はな》ち、佞人《ねいじん》を遠《とほ》ざく。鄭声《ていせい》は淫《いん》、佞人《ねいじん》は殆《あや》ふし。

【現代語訳】　顔淵が国を治める方法を尋ねた。先生は言われた。「暦《こよみ》は夏王朝の暦を採用し、乗り物は殷王朝の車に乗り、礼服には周王朝の冠を用い、音楽は舜の作った音楽を演奏し、鄭の音楽は追放し、ご機嫌とりをする人間を遠ざける。鄭の音楽はみだらでよくないし、ご機嫌とりをする人間はあぶないからである。」

【語釈】

時　この場合の「時」は暦《こよみ》。農業を基礎とする社会の年中行事を含んでいる。

輅　君子が乗用する馬車。殷代には二頭立ての馬車が用いられ、さらに四頭立ての戦車ができた。

冕　儀式に用いる冠。上に板があり、その前後にふさが垂れている。

韶舞　舜の作ったと伝えられる韶の舞曲。孔子は美的・道徳的に完全な楽曲だと絶賛している。

鄭声　鄭の国で演奏された音楽。鄭・衛は小国であったが、文化的には先進国であった。伝統的な正調の音楽でなく、礼節を乱すような音楽だといわれる。

【解説】顔回は孔子のめざすべき学問・君子などについて、その真意をほぼ理解していた。社会秩序の安定という「邦を為《をさ》める」ことを尋ねた。つまり、国家を立派に治める方法について孔子に質問した。夏・殷・周の文化の優れた文化を継承し、「楽」は舜帝の音楽を採用し、新興の鄭の音楽に対して警戒するように述べている。そして、社会集団の秩序を考える上で用心すべきは、「佞人」である。悪人や乱暴者は、その存在について、人々は警戒する。けれども、「佞人」がはびこってくると、しだいに正義がねじ曲げられ、麻薬が人々の感覚を狂わしてしまうように世の乱れとなっていく。「鄭声」にも同じような警戒すべき点があると諭している。

孔子は自己の主張や思想の継承者として、顔回に自分のもつ、すべてのものを伝えていこうとする思いを強くもっていた。

【まとめ】顔回は孔子の教えや、めざすべき到達目標に向かって師の言葉を必死に受容し、自己を高めるための努力をした。顔回のその卓越した能力のすごさに孔子は驚嘆することが幾度となくあった。孔子の理想とする社会や人間像は、顔回に語ることによって、孔子自身の確固たる思想へと結実していったと考えられる。顔回は孔子のすべてを受容した唯一無二の弟子であった。けれども、孔子より早く逝ったために伝承者とはなりえなかったのである。

2 顔回の死とその影響

五百近い章がある『論語』のなかで、「顔淵死」ではじまる章が先進篇に連続して四章も掲載されている。『論語』には、孔子の死に関する章がなく、顔回の死を取りあげていることは、特別な思惑が『論語』の編纂者にあったと考えることができよう。顔回は孔子の一門、弟子や門人のなかで、どのような存在であったのか。

『史記』仲尼弟子列伝には「吾れ回有るより、門人益々親しむ」という記述がある。孔子にとって顔回が弟子入りしてからは、顔回を教えることに情熱を傾け、そのことが他の弟子たちにも波及効果を及ぼし、孔子のもとで学ぶ弟子たちは、すべて心を開き、みな学ぶことに熱心になっていたと考えられる。顔回が入門するまでの孔子の弟子といわれる人は、曽子の父といわれる曽晳《そうせき》などのように知的な教養を満たす程度の学びを求める人が多く、学問精進によって君子をめざすような人はほとんどいなかった。

孔子が五十歳前後で、孔子の学問も深まり、大勢の人が孔子の門へと弟子入りを希望する時期に、十代後半から二十代のはじめの顔回が入門しているのである。孔子は魯の定公に学問のみならず、政治的手腕を評価され、孔子の生涯における順風満帆な五十二歳から五十五歳のときを過ごす。ところが、五十六歳になると魯の三桓氏(付録四参照)の専横を阻止することに失敗し、さらに斉の国による魯の国の弱体化をはかる女子舞踊団を送る妨害工作によって、孔子は魯の政治をとり行うことを断念しなければならなくなった。そのため生まれ故郷の魯を去り、弟子たちと諸国をめぐる旅へと出たのである。五十代半ばから六十代後半に及ぶ苦難・生命の危険にさらされる旅を経験する。その遍歴放浪の旅をやめて、ふたたび故郷に帰る決意をする孔子には、次の二つの「遺すこと」を達成したいという思いがあったからである。

一、人を遺すこと。自分の理想とする社会や体制や文化を伝えてくれる人を教育して、弟子から弟子へと伝えていくこと。

二、書物を遺すこと。弟子から弟子へと伝えていくときに、必要な書籍を編纂して遺しておくこと。

孔子は自分の生きている間のみならず、自分の希望やめざす目標が達成できるのは、長い歳月がかかると考えた。その理想実現の時代が到来するまでの間に、孔子が成すべきことを考えた結果での、帰国の決意であった。

帰国後の孔子の使命はこの点に専念して、情熱を注ぎ過ごしていた。

「人を遺すこと」の最有力候補者として顔回に期待をかけていたのである。

帰国して二年。孔子の子、鯉《り》が死す。その後を追って顔回が死んだ。

『論語』における「顔淵死」の章句は、孔子の痛切な思いがにじみ出ている。

七　顔淵死。顔路請㆔子之車以為㆓之椁㆒。子曰、才不才、亦各言㆓其子㆒也。鯉也死、有㆑棺而無㆑椁。吾不㆔徒行以為㆓之椁㆒。以㆔吾従㆓大夫之後㆒、不㆑可㆓徒行㆒也。

（先進七）

顔淵死《がんえんし》す。顔路子《がんろし》の車《くるま》を以《もつ》て之《これ》が椁《くわく》を為《つく》らんと請《こ》ふ。子曰《しい》はく、才《さい》も不才《ふさい》も、亦各《またおのおの》その子《こ》を言《い》ふなり。鯉《り》や死《し》せるとき、棺有《くわんあ》りて椁無《くわくな》し。吾徒行《われとかう》して以《もつ》て之《これ》が椁《くわく》を作《つく》らず。吾大夫《われたいふ》の後《しりへ》に従《したが》ふを以《もつ》て、徒行《とかう》すべからざるなり。

【現代語訳】 顔淵が死んだ。（父の）顔路が先生の馬車をいただいて外側の棺を作ってやりたいと申し出た。先生は言われた。「才能があろうとなかろうと、それぞれ自分の子どものことを言いたがるものである。（自分の子どもの）鯉が死んだとき、内側の棺だけで外側の棺を作ってやらなかった。私は大夫の末席につらなる身分であるので、（馬車に乗らずに）外出するわけにはいかないのだ。」

【語釈】

顔路　顔淵の父。孔子より六歳年下の弟子。

鯉　孔子の子。名は鯉《り》。字は伯魚《はくぎょ》。五十歳で孔子に先立って死んだといわれる。

椁　この時代、身分のある人は、埋葬するときに二重の棺を用いた。外側の棺を椁《かく》という。

大夫之後　「大夫」とは、ここでは諸国の政治に関わる重職の臣の末席につらなること。かつて、五十代に魯の政治を担当したことを表わす。

不可徒行　徒歩で外出することができない。魯の君主や三桓氏を表敬訪問するときは、必ず馬車に乗って参内しなくてはならない決まりがあった。

八　顔淵死。子曰、噫、天喪レ予。天喪レ予。

顔淵《がんえん》死《し》す。子曰《しい》はく、噫《ああ》、天予《てんわれ》を喪《ほろ》ぼせり。天予《てんわれ》を喪《ほろ》ぼせり。

（先進八）

【現代語訳】　顔淵が死んだ。先生が言われた。「ああ、私は天に見放された。私は天に見放された。」

【語釈】

天　『論語』では「天」は運命、使命の両方の意味をもち、絶対的な存在として孔子を支えてきたものであった。

【解説】　木村英一は「天」について次のように説明する。

「人間の能力や限界を超えた存在として、天の作用は人間にとって運命である。その運命としての命は、人間に対する成約に終わらずに、人間が果たすべき使命感を発生させる。」

九　顔淵死。子哭レ之慟。従者曰、子慟矣。曰、有レ慟乎。非二夫人之為慟一、而誰為。　（先進九）

顔淵《がんえん》死《し》す。子《し》之《これ》を哭《こく》して慟《どう》す。従者《じゅうしゃ》曰《い》はく、子《し》慟《どう》せり。曰《い》はく、慟《どう》すること有《あ》るか。夫《か》の人《ひと》の為《ため》に慟《どう》するに非《あら》ずして、誰《た》が為《ため》にかせん。

【現代語訳】顔淵が死んだ。（顔家に弔問に訪れた）先生は大声をはりあげて泣きくずれられた。同行した弟子が言った。「先生は泣きくずれましたね。」先生が言われた。「私がとり乱して泣いたかって。あの人のために泣きくずれないで、だれのために泣きくずれることがあろうか。」

【語釈】

哭　声をあげて泣くこと。人の死を弔うときの作法である。

慟　取り乱して泣きくずれる。礼の規定をこえた泣きかたをする。

従者　一緒に弔問に随行した弟子。

十　顔淵死。門人欲二厚葬一レ之。子曰、不可。門人厚葬レ之。子曰、回也視レ予、猶レ父也。予不レ得二視猶一レ子也。非レ我也。夫二三子也。　（先進一〇）

顔淵《がんえん》死《し》す。門人《もんじん》厚《あつ》く之《これ》を葬《はうむ》らんと欲《ほっ》す。子《し》曰《い》はく、不可《ふか》なり。門人《もんじん》厚《あつ》く之《これ》を葬《はうむ》る。子《し》曰《い》はく、回《くわい》や予《われ》を視《み》ること猶《な》ほ父《ちち》のごときなり。予《われ》視《み》ること猶《な》ほ子《こ》のごとくするを得《え》ざるなり。我《われ》に非《あら》ざるなり。

夫《か》の二三子《にさんし》なり。

【現代語訳】顔淵が死んだ。門人たちは盛大な葬式をしようとした。先生が言われた。「そのようなことはしないほうがよい。」門人たちは盛大な葬式をした。先生は言われた。「顔回は私を父のように思っていた。私は自分の息子と同じような（質素だが心のこもった）葬式をしてやれなかった。私のせいではない。あの門人たちのやったことなのだ。」

【まとめ】『論語』及び孔子について語るとき、顔回を語らずには語ることができないほど重要な鍵をにぎる人物である。『論語』中、顔回が登場する章は二十一章。その半数近い九章が先進篇に掲載され、その半数をこえる五章が顔回の死に関わる章である。孔子がこの愛弟子の死をいかに悲しみ、そして顔回の死に慟哭する孔子の様子に、孔子のまわりにいた弟子たちにも想像を絶する衝撃を与えている。

顔回の死。孔子にとって顔回の死とは、何であったのか。孔子が自分自身のすべてを注ぎ、将来を託し、未来への展望を拓くことのできる希望の星、それが顔回であった。その顔回を失うことは、孔子のすべてを失う痛恨事であった。孔子は顔回の死を知り、絶望の言葉を吐く。「天予《われ》を喪《ほろ》ぼせり。」そして、礼の規定により死者を哀悼し、「哭」することは礼の常識である。しかし、孔子は「哭して慟す」と、大地にひれ伏して慟哭する。側にいた弟子が思わず驚き、「子慟せり」と言葉をもらす。孔子は「顔回のために、泣きくずれないで、だれのために泣きくずれることがあろうか。」とありのままの悲しみの極点に達した、むき出しの感情を発している。

孔子は、今まで心のなかで、自分を支え続けてきた「天命」さえも自分を見捨てたという思いにかられている。

この顔回の死に、絶望の淵に立たされたように慟哭する師の姿に、弟子たちも師と同じような深い悲しみを味わうのである。

この悲しみの続くなか、二年後には子路が内乱の最中に死に、孔子の悲しみはいっそう深まっていく。翌年に孔子があの世へと旅立ったのである。

孔子の死後、弟子たちは、師を哀惜する思いが強く、自分たちの父や母の死後の孝養を尽くすように、師の冢《つか》のほとりで「三年の喪」を行うことにした。

この「三年の喪」の期間、弟子たちは師の偉業を後世に伝えていこうと意思を固める。さらに顔回が生きていたならば伝えるべきはずであった孔子の遺志を、みなで力をあわせて、「師の教え」として後世に伝承していこうと決意するのであった。

Ⅱ　徳行に優れた弟子

閔子騫

仲弓

冉伯牛

1　閔子騫（閔損）

姓は閔《びん》。名は損《そん》。字は子騫《しけん》。孔子より十五歳若い。孔門の十哲（徳行）。無口で温厚。孝行のほまれ高い人。正義のためには妥協しない信念をもっていた。子騫を冷遇した継母をかばったことにより、継母が心を入れかえて一家が円満になった。

一　季氏使㆔閔子騫為㆓費宰㆒。閔子騫曰、善為㆑我辞焉。如有㆓復㆑我者㆒、則吾必在㆓汶上㆒矣。

（雍也七）

季氏《きし》閔子騫《びんしけん》をして費《ひ》の宰《さい》たらしめんとす。閔子騫《びんしけん》曰《い》はく、善《よ》く我《わ》が為《ため》に辞《じ》せよ。如《も》し我《われ》を復《ふたたび》する者《もの》有《あ》らば、則《すなは》ち吾《われ》は必《かなら》ず汶《ぶん》の上《ほとり》に在《あ》らん。

【現代語訳】季氏が閔子騫を費の町の最高責任者に任命しようとした。閔子騫はその使者に言った。「私のために、よくよく主君にお断りください。もし、ふたたび私に任命させようと使者をこさせるようであったなら、私はきっと国境を越えて、汶水のほとりに身を隠してしまうでしょう。」

【語釈】

費　季氏の私邑の領地で、魯の都の東南にあった。季氏にとって重要な領地であったが、反乱や魯の君主に反抗したりするなど統治するのに困難な町であった。

宰　邑（町）を支配する最高責任者。魯の国の公邑であれば大夫が統治し、私邑であれば宰が治めた。（宰は町長とも家老とも訳出されている。）

汶上　汶は川の名。魯国の北にあり、斉との国境を流れる川。「汶上に在り」とは、汶水のほとりに亡命して、庶民のなかに身をかくすこと。

【解説】閔子騫は「孝」で有名な弟子である。しかし、彼は「孝」のエピソードばかりではなく、当時の社会情勢や政治的混迷の状況を洞察し、何をなすべきで、何を拒否すべきかを的確に理解していた。季氏は魯国のなかで政治的な立場や権力行使において絶大な力を発揮していた。しかし、その力の発揮は季家の繁栄にのみ注がれ、魯国の政治改革につながっていない。閔子騫は逃避の言辞を述べているが、実は季氏の政治に対する全面的な否定という対決の姿勢を示しているのである。

二　子曰、孝哉閔子騫。人不㆑間㆓於其父母昆弟之言㆒。（先進四）

子《し》曰《い》はく、孝《かう》なるかな閔《びん》子《し》騫《けん》。人《ひと》其《そ》の父《ふ》母《ぼ》昆《こん》弟《てい》の言《げん》を間《かん》せず。

【現代語訳】先生が言われた。「孝行者だな、閔子騫は。父母兄弟が閔子騫の孝行をほめても、世間の人々は当然なこととして疑おうとしなかった。」

【解説】この章について「人其の父母昆弟を間するの言あらず」と読み、「その父母や兄弟をそしるようなことをだれも言わない」と解釈する説がある。『説苑』に閔子騫について逸話がある。「閔子騫の母が二人の子を残して死んだ。父が後妻を迎えたが、後母は閔子騫を冷遇した。冬の寒い日に、父のために馬車の御者をしていた子騫は寒さのために轡《たずな》を落とした。父が子騫の手をとってみると凍え、衣服は薄い着物一枚だった。家に帰り、後母の産んだ二人の子どもを呼ぶと、着ている服は厚くて温かなものであった。父は差別に怒り、後母を離縁すると言った。そのとき、子騫は「お母さんがいれば、寒いのは私一人だけです。お母さんがいなくなれば四人が寒さで凍えます。」と言った。父は後母を許し、それから以後、後母は子騫にもやさしく家族なごやかに暮らしたという。

孔門の十哲のなかで、「徳行」に優れるといわれた閔子騫のエピソードである。後母に虐待された子どもが、後母を改心させ、その結果一家が円満な家庭となったという。閔子騫の「孝」は類を見ないもので「二十四孝」のなかに取りあげられている。閔子騫は「孝」のみならず、その人柄も優れていることは容易に想像できるはずである。

三　魯人為㆓長府㆒。閔子騫曰、仍㆓旧貫㆒、如㆑之何。何必改作。子曰、夫人不㆑言。言必有㆑中。

（先進一三）

魯人《ろひと》長府《ちやうふ》を為《つく》る。閔子騫《びんしけん》曰《い》はく、旧貫《きうくわん》に仍《よ》らば、之《これ》を如何《いかん》。何《なん》ぞ必《かなら》ずしも改《あらた》め作《つく》らん。子曰《しい》はく、夫《か》の人《ひと》言《い》はず。言《い》はば必《かなら》ず中《あた》ること有《あ》り。

【現代語訳】魯の人々が政府の大きな倉庫を作った。閔子騫が言った。「昔のしきたりどおりにしておけばよいのに、わざわざ改めて作りなおす必要もないだろう。」先生が言われた。「閔子騫はめったに自分の意見を言わないが、言えば必ず的確な発言をする。」

【語釈】
魯人　魯国の政府の人々。
長府　政府の倉庫。三桓氏に対抗するための財貨や兵器を納める倉庫。
旧貫　古いしきたり。現状のままにしておくこと。

【解説】三桓氏が魯国の政治的な影響力を強めていく状況にあった。魯の昭公は、三桓氏を打倒するために、新しい政府の倉庫を作り、財貨や兵器を納めて準備した。昭公二五年（前五一七）昭公は長府を根拠にして、兵を挙げたが、みごとに失敗し、斉国へ亡命した。亡命した斉の地で昭公は亡くなった。閔子騫はこの運命を予言していたとする閻若璩《えんじゃくきょ》の説に基づき、この章を解釈してみた。ここにも閔子騫の洞察力の卓越した様子を伺うことができる。

【まとめ】閔子騫は、孔子と年齢が比較的近い弟子で、孔子が三十代半ばに斉へ出向くことがあったが、そのときには、すでに弟子入りして孔子に師事していたといわれている。無口であるが温厚で、継母に冷遇されたが、その継母をかばったという孝行のほまれ高い人物である。正義心が強く、再三にわたり季氏の宰の要請を受けたが、隠遁をほのめかして拒絶する潔癖さを示す、精神的な強さをもっている。冉有が季氏の専横を止められず、強く叱責されるのと対照的な人物である。また、閔子騫の判断力は的確で、昭公が三桓氏に対抗する軍用の倉庫を造り、挙兵に失敗し、亡命した。無謀なことをすると、早くに予見して警告していたのである。「徳行」に挙げられた弟子たちに共通するのは、「無口」であるが、徳にあふれる人柄で、さらに聡明な才能のもち主である。孔子はこのような弟子たちの人柄を見て、「孝」や「仁」の考えを深めていったともいえるであろう。

2 冉伯牛（冉耕）

姓は冉《ぜん》。名は耕《こう》。字は伯牛《はくぎゅう》。孔子より七歳若い。孔門の十哲（徳行）。『論語』のなかで「雍也篇」に、一章だけしか取りあげられていない。彼について『論語』でわかることは、人前に顔も出せない悪疾にかかり、古代社会では隔離生活をしいられた。孔子は、そのような病気で苦しむ弟子の見舞いに訪れる。わが国では下村湖人・高橋和巳らの文学者が、この伯牛の見舞いを感動的に表現している。

四 伯牛有レ疾。子問レ之。自レ牖執二其手一曰、亡レ之。命矣夫。斯人也而有二斯疾一也、斯人也而有二斯疾一也。

（雍也八）

伯牛疾《はくぎゅうやまひ》あり。子之《しこれ》を問《と》ふ。牖《まど》より其《そ》の手《て》を執《と》りて曰《い》はく、之亡《これな》からん。命《めい》なるかな。斯《こ》の人《ひと》にして斯《こ》の疾《やまひ》あり、斯《こ》の人《ひと》にして斯《こ》の疾《やまひ》あり。

【現代語訳】 弟子の伯牛が重い病気にかかっていた。先生は伯牛のお見舞いに伯牛の家に出かけられた。先生は窓ごしに伯牛の手をとりながら、言われた。「こんな道理があるはずはない。運命というものか。これほど徳に優れたものが、このような病気にかかろうとは。」

【語釈】

有疾　ハンセン病にかかったと伝えられている。

自牖執其手　窓ごしに孔子は伯牛の手をとりながら。

亡之　こんな道理があるはずはない。

命矣夫　運命というものか。
斯人也而有斯疾也　これほどの徳の優れた人がこのような病気にかかろうとは。

【解説】伯牛は、どのような人であったのか。『論語』のなかでは、この一章のみしかなく、人柄の詳細は不明である。『論衡』（命義篇）には、顔淵や伯牛は善事を行い、天の福禄にあずかるのが当然であるのに、なぜ災いにみまわれたのかについて「顔淵《がんゑん》は学《がく》に困《くる》しみ、才《さい》を以《もつ》て自《みづか》らを殺《ころ》し、伯牛《はくぎう》は空居《くうきよ》して悪疾《あくしつ》に遭《あ》へり。」と述べている。顔淵は学問精進にはげみ、才能を磨きあげることばかりに心をくだき、それがために寿命を縮めた。伯牛は徳を磨き、（生活のことを考えず）なすことなく暮らし、人のいやがる病気にかかったと否定的な意見が述べられている。『淮南子《えなんじ》』（精神訓）には、儒者は自らの欲求を抑制するあまりに、長生きをし天寿を全うさせることができないのだと述べ、「顔淵《がんゑん》は夭死《えうし》し、季路《きろ》は衛《ゑい》に葅《そ》とせられ、子夏《しか》は明《めい》を失《うしな》い、冉伯牛《ぜんはくぎう》は厲《らい》と為《な》る。（顔淵は夭折し、季路は衛で殺され塩漬けにされ、子夏は失明し、冉伯牛は癩［ハンセン病］にかかった。）」と言い、「それは天性を抑えつけ、真情にそむき、心の調和を失ったからだ。」と非難されている。

『論衡』や『淮南子』では顔淵・伯牛は、ともに学問精進・君子をめざす人格陶冶が夭折や悪疾の原因と批判されている。

一方、『孟子』公孫丑上篇には、「子夏《しか》・子游《しいう》・子張《しちやう》は、皆《みな》聖人《せいじん》の一体《いつたい》有《あ》り。冉牛《ぜんぎう》・閔子《びんし》・顔淵《がんゑん》は、則《すなは》ち体《たい》を具《そな》へて而《しか》も微《び》なり。（子夏・子游・子張は、すべて聖人（孔子）の優れた一面をもっている。冉伯牛・閔子騫・顔淵は、いずれも聖人（孔子）のもつ徳のおおよそは備えているが、その備えるスケールが小さいのだ）」と評価している。つまり、孔門の十哲で、徳に優れるといわれる三人（冉・閔・顔）が孟子の評価によって確定し、後世へ伝えられるようになったのである。

孟子の活躍する時代には、冉伯牛は顔淵とともに徳のある人物であるという評価が伝承されている。

孔子は、伯牛が業病に苦しむ様子を見て、孔子の天命観に微妙な影響を与えたと思われる。「命なるかな。斯の人にして斯の疾あり、斯の人にして斯の疾あり。」の言葉のなかに、天命に対する信頼の揺ぎが感じられる。

五十代半ばからの諸国をめぐる旅で、天命の不条理を感じつつあった。「伯牛が病気にかかったのは陳蔡の阨《やく》に遭った時」（諸橋轍次説）。孔子にとって天命への信頼が崩れはじめる出来事だと考えることができる。

3　仲弓（冉雍）

姓は冉《ぜん》。名は雍《よう》。字は仲弓《ちゅうきゅう》。孔子より二十九歳若い。孔門の十哲（徳行）。下層階級出身であったが、孔子はその才能を高く評価していた。自他ともに厳格な態度で臨むことをめざしていたが、孔子から温順寛厚な人間関係が保てるようにといわれていた。

五　或曰、雍也仁而不レ佞。子曰、焉用レ佞。禦レ人以二口給一、屢憎二於人一。不レ知二其仁一、焉用レ佞。

（公冶長四）

或《ある》ひと曰《い》はく、雍《よう》や仁にして佞《ねい》ならず。子《し》曰《い》はく、焉《いづく》んぞ佞《ねい》を用《もち》ひん。人《ひと》に禦《こた》ふるに口給《こうきふ》を以《もつ》てせば、しばしば人《ひと》に憎《にく》まる。その仁《じん》を知《し》らず。焉《いづく》んぞ佞《ねい》を用《もち》ひん。

【現代語訳】ある人が言った。「冉雍（仲弓）という男は、人柄は立派ではあるが弁舌がたたない。」（この話を聞いた）先生は言われた。「どうして弁舌がたつ必要があるでしょうか。人に対して口達者に言いまかしても、しばしば人に憎まれるだけです。冉雍の人柄が仁と言えるかどうかは知りませんが、どうして弁舌がたつ必要があるでしょうか。」

【語釈】

或　「ある人」は姓名も身分もわからないが、冉雍（仲弓）のことを「雍」と名で呼びすてにしているので、冉雍の上司か主人であろう。冉雍は季氏の宰となっていたので、季家の当主であったかもしれない。

佞　口才。弁舌がたつこと。ここでは、口数が多く、話相手に口答え、反論すること。

禦　口答えする。応答する。

口給　「佞」と同じ意として用いられ、口達者。能弁の意。

【解説】「或」を季氏の当主だとすると、孔子の弟子たちの何人かが季氏の宰となって仕えている。歴代の季孫氏は民衆に過酷な労役や課税を強制している。冉雍は短いが手厳しい言葉で、季氏に対して批判していた可能性が高い。それは、孔子は「ある人」の冉雍に対する評価に対して、ふだんの温和な孔子とは違い、はげしく反論していることに表われている。孔子の弟子思いの面がよく出ている章であり、また、弟子とともに魯国の改革に情熱を示す孔子像を見ることができる。

六　子曰、雍也可レ使二南面一。仲弓問二子桑伯子一。子曰、可也、簡。仲弓曰、居レ敬而行レ簡、以臨二其民一、不二亦可一乎。居レ簡而行レ簡、無二乃大簡一乎。子曰、雍之言然。

（雍也一）

子曰《しい》はく、雍《よう》や南面《なんめん》せしむべし。仲弓《ちゆうきゆう》子桑伯子《しさうはくし》を問《と》ふ。子曰《しい》はく、可《か》なり、簡《かん》なり。仲弓《ちゆうきゆう》曰《い》はく、敬《けい》に居《ゐ》て簡《かん》を行《おこな》ひ、以《もつ》て其《そ》の民《たみ》に臨《のぞ》まば、亦《また》可《か》ならずや。簡《かん》に居《ゐ》て簡《かん》を行《おこな》はば、乃《すなは》ち大簡《たいかん》なること無《な》からんや。子曰《しい》はく、雍《よう》の言然《げんしか》り。

【現代語訳】先生が言われた。「雍（仲弓）は政治的指導者になれる人物である。」仲弓（雍）が子桑伯子の人物について尋ねた。先生が言われた。「まあいいだろう、こせこせしないから。」仲弓は言った。「心配りが行きとどき、おおような態度で民衆に接するのであれば、それはよろしいでしょう。しかし、心がまえが大まかで、行動も大まかであれば、あまりに大まかすぎませんか。」先生が言われた。「雍よ、おまえの言うとおりだよ。」

【語釈】

南面　天子や諸侯・卿・大夫など政治的指導者は公式の場では座が南向きにおかれる。つまり、ここでは立派な政治的指導者になれるということを述べている。

子桑伯子　諸説のある人物だが、詳しい人物像は不明。

可也簡　「可也」は人物として、よかろうの意。「簡」はこせこせしない、大まかであるの意。

居敬　敬の気持ちをもって自分の心のよりどころにすること。

【解説】人の上に立って政治的な指導力を発揮するためには、命令されて行動する人が働きやすいように、大らかで、こせこせしたりしないことが求められる。けれども、心のなかでは物事に対して細心の注意をはらい、深く考えていなければならない。そのような要点を兼ね備えていたので、「南面せしむべし」と高く評価していたのである。

七

仲弓問レ仁。子曰、出レ門如レ見二大賓一、使レ民如レ承二大祭一。己所レ不レ欲、勿レ施二於人一。在レ邦無レ怨、在レ家無レ怨。仲弓曰、雍雖二不敏一、請事二斯語一矣。（顔淵二）

仲弓《ちゅうきゅう》仁《じん》を問《と》ふ。子曰《しい》はく、門《もん》を出《い》でては大賓《たいひん》を見《み》るが如《ごと》く、民《たみ》を使《つか》ふには大祭《たいさい》に承《つか》ふるが如《ごと》くす。

己《おのれ》の欲《ほっ》せざる所《ところ》は、人《ひと》に施《ほどこ》すこと勿《な》かれ。邦《くに》に在《あ》りても怨《うら》み無《な》く、家《いえ》に在《あ》りても怨《うら》み無《な》からん。仲《ちゅう》弓《きゅう》曰《い》はく、雍不敏《ようふびん》なりと雖《いへど》も請《こ》ふ斯《こ》の語《ご》を事《こと》とせん。

【現代語訳】 仲弓が仁について質問した。先生が言われた。「門を出て人と会うときには、国賓に面会するような気持ちで応対し、民衆を国家事業などで使うときには、国家の大祭にお仕えするような気持ちでのぞむ。自分のしてほしくないことは、他の人にしてはならない。そうすれば国に仕えていても恨みを受けることはなく、家庭で生活していても恨みを受けない。」仲弓は言った。「私（雍）はまことにおろか者ではありますが、（先生の言われた）お言葉を実行させていただきます。」

【語釈】

大賓　国家の賓客。隣国から訪れてきた重要な賓客。

大祭　宮廷で行われる大きな祭祀。

【解説】 仲弓の仁とは何かという問いに対して、次のように述べている。孔子は外で人に会うときの態度は、国賓のような重要な人と接するような気持ちで臨み、民衆を使うときには国家の大祭で、助祭者として奉仕するときのように細かな気くばりをする。そして、人のしてほしくないことをするな。これが仁であると仲弓に言っている。対人関係における心配りをいついかなるときにも実行する。これは仲弓の人格を孔子が見極めた上で仁という言葉を説明している。だから仲弓は喜んで実行しようと決意を表明しているのである。

八

仲弓為二季氏宰一、問レ政。子曰、先二有司一、赦二小過一、挙二賢才一。曰、焉知二賢才一而挙レ之。曰、挙二爾所レ知。爾所レ不レ知、人其舍レ諸。

（子路二）

仲弓《ちゆうきゆう》季氏《きし》の宰《さい》と為《な》り、政《まつりごと》を問《と》ふ。子曰《しい》はく、有司《いうし》を先《さき》にし、小過《せうくわ》を赦《ゆる》して、賢才《けんさい》を挙《あ》げよ。曰《い》はく、焉《いづく》んぞ賢才《けんさい》を知《し》りて之《これ》を挙《あ》げん。曰《い》はく、爾《なんぢ》の知《し》る所《ところ》を挙《あ》げよ。爾《なんぢ》の知《し》らざる所《ところ》は、人其《ひとそ》れ諸《これ》を舎《す》てんや。

【現代語訳】 仲弓が季氏の家の家老となったとき、政治の心得を尋ねた。先生が言われた。「役人たちに責任をもってやらせ、小さな過ちをゆるし、優れた才能のある人間を抜擢することだ。」（仲弓がさらに尋ねて）言った。「どのように優れた才能のある人間を見分けて抜擢すればよいでしょうか。」（先生がそれに答えて）言われた。「おまえの知っている才能のある人間を抜擢しなさい。おまえの知らない才能ある人間を他の人がどうしてすてておこうか。」

【語釈】

宰　魯国の重臣の季氏の家をとりしきる家老。

有司　役人。「司」は担当する職務をもつ人の意。

賢才　優れた才能のある人。ここでは仲弓の職務を遂行するのに、手足となり協力し、アドバイスをしてくれる人。

【解説】 仲弓が家老という職ではあるが、重臣である季氏の家の裁量をまかせられ、責任者となった。この当時の季氏は魯の君主と同じぐらいの権勢を誇り、国家の宰相といえるほどの重責を荷負っていた。孔子が仲弓に指示を与えたのは、「部下を信頼して積極的に仕事にとり組み、小さな過失は大目に見て働きやすくし、そして仲弓を支えてくれる人材を見つけなさい」と述べている。これは仲弓の人柄に全幅の信頼を置いているアドバイスと考えられる。とくに「爾の知る所を挙げよ」と言っているのは、人柄のよい仲弓には、仲弓に匹敵する人徳があり、聡明な友人や知人がいることを表わしており、さらに仲弓の人柄を慕い、人々が集まってくると孔子は洞察しているのである。

【まとめ】仲弓は雍也篇に、出身階層について記されている。「犂牛《りぎう》の子騂《あか》くして且《か》つ角《つの》あれば、用ふることなからんと欲すと雖《いへど》も、山川それ諸《これ》を舎《す》てんや。」（農耕に使う牛の子であっても、赤毛でととのった角があれば、山川の神さまは見すてることはないだろう。）つまり、身分の低い出身であっても、学問が優秀で人徳があれば、必ず登用されるだろうと、孔子は仲弓を高く評価している。そして、「雍也《ようや》南面せしむべし」（雍也篇）と「南面（政治指導者）」として適する能力をもっていると絶賛している。ある人が「雍や仁なれども佞ならず」（公治長篇）と人柄に優れているが弁舌が巧みでないと評したところ、孔子は「弁舌の巧みさは口さきの機転で、一時的に人をごまかせても、人から反感を買われるだけである。仲弓は仁者であるかどうかはわからないが、人のご機嫌とりをする弁舌の巧みさは必要ない」と仲弓を弁護している。

また「仁」を仲弓が尋ねると、人との対応を丁重にして、「己の欲せざる所は人に施すこと勿かれ」（顔淵篇）と述べ、さらに「政」を尋ねると「役人に責任をもって職務に従事させ、小さな過ちをゆるし、優れた人材を抜擢せよ」（子路篇）と教えている。恵まれた家庭環境で育ったのではないが、仲弓は人柄は抜群に優れていて、何ごとも率先垂範して行動するという責任感の強さをもっていた。しかし、弁舌が巧みでなく、ともすれば不言実行するために、上流階級の貴族などに誤解され好感をもたれなかった。

けれども孔子は仲弓に対して、人柄もよく実行力があり、政治的実践力に対する活躍を大いに期待していた。

Ⅲ　冉有（冉求）

姓は冉《ぜん》。名は求《きう》。字は子有《しいう》。孔子より二十九歳若い。孔門の十哲（政事）。温和な人であったが、孔子から消極的だといわれ、また、自分の力を見限っていると評された。政事的な能力に優れていたが、季氏に仕えて悪を改めさせられず、厳しく非難されている。

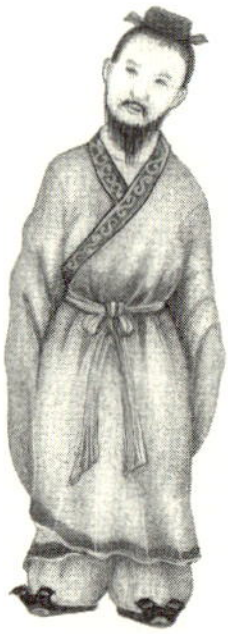

1　孔子の見る冉有像

一　子華使㆓於斉㆒。冉子為㆓其母㆒請㆑粟。子曰、与㆓之釜㆒。請㆑益。曰、与㆓之庾㆒。冉子与㆓之粟五秉㆒。子曰、赤之適㆑斉也、乗㆓肥馬㆒、衣㆓軽裘㆒。吾聞㆑之也、君子周㆑急、不㆑継㆑富。（雍也三）

子華斉《しくわせい》に使《つか》ひす。冉子其《ぜんしそ》の母《はは》の為《ため》に粟《ぞく》を請《こ》ふ。子曰《しい》はく、之《これ》に釜《ふ》を与《あた》へよ。益《ま》さんことを請《こ》ふ。曰《い》はく、之《これ》に庾《ゆ》を与《あた》へよ。冉子之《ぜんしこれ》に粟五秉《ぞくごへい》を与《あた》ふ。子曰《しい》はく、赤《せき》の斉《せい》に適《ゆ》くや、肥馬《ひば》に乗《の》り、軽裘《けいきう》を衣《き》たり。吾之《われこれ》を聞《き》く、君子《くんし》は急《きふ》なるを周《すく》ひて、富《と》めるに継《つ》がず。

【現代語訳】公西華が斉国に使いに行った。冉有が留守宅の公西華の母親のために穀物の支給をお願いした。先生が言われた。「釜《ふ》ほどあげなさい。」（すると冉有は）もう少し増していただきたいとお願いした。先生が言われた。「庾《ゆ》ほどあげなさい。」冉有は勝手に五秉《ごへい》の穀物を留守宅に届けた。先生が言われた。「公西華が斉に出かけたときには、立派な馬に乗り、軽やかな毛皮を着て出かけた。私の聞くところでは、君子は困っている者は助けるが、金持ちには余分な支給はしないものだ。」

【語釈】

子華　孔子の弟子。姓は公西。名は赤。字は子華。孔子より四十二歳若い。

粟　精白してもみがらをとった穀物一般の名称。当時の主食は粟《あわ》であった。

釜　当時の六斗四升。約二十リットル。

庾　当時の十六斗。約四十五リットル。

秉　一秉は十庾であるので、百六十斗。五秉は八百斗。

【解説】公西華は、礼式・儀式に通じた、性格も社交的で、人をそらさない会話を得意としていた。それだからこそ、斉の国への使者として抜擢されたのだろう。冉有は優れた実務能力をもち、人格も温和善良で、年若い孔子一門の弟子に対して面倒をよく見ている。冉有は公西華が斉に使者として出かけた公西華の留守宅をあずかる母親のために、留守手当として扶持米《ふちまい》を出してやってほしいと孔子にお願いした。孔子は承諾して「釜《ふ》（二十リットル）」ぐらいでよいだろうと言った。冉有が、もう少し増やしてあげてくださいと願った。孔子は「庾《ゆ》（四十五リットル）」でよいだろうと言ったが、冉有は「五秉《へい》（庾の五十倍）」の扶持米を母親に与えた。孔子は冉有の、この対応に対して、公西華が斉に使者として出かけるときに、肥えた立派な馬に乗り、高級な毛皮の上着を着て出かけた。君子は困っている者は助けるけれども、裕福な者には余分な足しまえをしないものだと穏やかな注意の言葉を述べている。

　この章は孔子が五十代半ば、定公の信頼があつく、魯の国をまかされ、政治手腕を発揮していた頃であり、冉有も孔子に信頼され、その期待にこたえて才能を存分に発揮し、師弟関係にも亀裂が生ぜず問題のない時期であった。

子路と冉有は『論語』において「政事」的な能力に優れると評価される章がある。子路と冉有が同じ章のなかで、比較されたり、評価される章が六章ある。

①孟武伯が「仁なるか」と問うた章（公冶長篇）
②季康子が「政に従はしむべきか」と問うた章（雍也篇）
③孔子の側で過ごす弟子の様子の章（先進篇）
④「聞くままに斯《ここ》に諸《これ》を行はんか」と問うた章（先進篇）
⑤季子然が「大臣と謂ふべきか」と問うた章（先進篇）
⑥孔子が弟子四人（子路・曾皙・冉有・公西華）に抱負を問うた章（先進篇）

この六章のなかで、②、④を取りあげ、冉有の政事的能力や人物像について述べてみる。

二　（季康子問。）（略）曰、求也可レ使レ従レ政也与。曰、求也芸。於レ従レ政乎何有。

（雍也六）

（季康子《きかうし》問《と》ふ。）（略）曰《い》はく、求《きう》や政《まつりごと》に従《したが》はしむべきか。曰《い》はく、求《きう》や芸《げい》あり。政《まつりごと》に従《したが》ふに於《お》いて何《なに》か有《あ》らん。

【現代語訳】（季康子が尋ねて）言った。「冉有は政治にあたらせることができますか。」（先生が）言われた。「冉有は多能多才です。政治にあたらせて何のさしつかえもありません。」

【語釈】

芸　多能多才なこと。

【解説】この章について諸説があるが、『孔子世家』によれば、哀公四年（前四九一）孔子六十二歳のときに、次のようなことがあった（補説参照）。

孔子が諸国遍歴の旅で陳にいるときに、季康子は孔子を魯に帰国させようとした。このとき、季康子の家臣公《こう》子魚《しぎょ》が、「かつて定公が孔子を登用したが任用しきれず、諸侯の物笑いになりました。今回も孔子をうまく任用しきれなければ、ふたたび諸侯の物笑いになるでしょう。」と反対したために、孔子の招致を断念した。

『論語』雍也篇には、季康子が、孔子の門人、子路・子貢・冉有の三人について、「政治にあたらせ、任用させることができるか」と問いかけをしている。子路については「果（決断力）」がある。子貢については「達（洞察力・理解力）」がある。冉有については「芸（多芸多才）」であると孔子は述べている。季康子は冉有の「芸」が最適だと考え、諸国の旅の途中に、冉有を呼びもどし、季氏の宰（家老）にしたと考えられる。

冉有が季康子に抜擢されたのは、政治的に独断専行せず、季氏の思惑や意図を察知して、円滑に行うことのできる能力があると見こまれたのである。

【補説】哀公（在位前四九四〜前四六七）は孔子が諸国の旅を終えて帰国したときの魯の君主。三桓氏の横暴に対して孔子に対応を相談する。後に三桓氏を抑えきれず、郰《ちゅ》から楚に亡命した。最後に魯の人々に迎えられたが、まもなく死んだ。

三　冉有問、聞斯行レ諸。子曰、聞斯行レ之。（略）（公西華曰、）求也問、聞斯行レ諸。子曰、聞斯行レ之。赤也惑。敢問。子曰、求也退。故進レ之。

（先進二一）

冉有《ぜんいう》問《と》ふ、聞《き》くままに斯《ここ》に諸《これ》を行《おこな》はんか。子曰《しい》はく、聞《き》くままに斯《ここ》に之《これ》を行《おこな》へ。（略）（公西華《こうせいくわ》曰《い》はく、）求《きう》や問《と》ふ、聞《き》くままに斯《ここ》に諸《これ》を行《おこな》はんか。子曰《しい》はく、聞《き》くままに之《これ》を行《おこな》へ。赤《せき》や惑《まど》ふ。敢《あ》へて問《と》ふ。子曰《しい》はく、求《きう》や退《しりぞ》く。故《ゆゑ》に之《これ》を進《すす》む。

【現代語訳】 冉有が尋ねた。「よいことを聞いたら、すぐ行うべきですか。」（冉有に対して）先生が言われた。「聞いたらすぐに実行しなさい。」（略）「わたし赤（公西華）は迷っています。失礼ながらお尋ねします。」先生が言われた。「求（冉有）は消極的であるから、励まし進めたのだ。」

【補説】 子路と冉有が「聞いたことをすぐ実行してよいですか」と同じ質問をした。公西華が混乱したのは、子路に対しては「父兄に相談して実行しなさい」と言った。（右の文では引用省略）冉有に対しては「すぐに実行しなさい。」と言って、違う回答をしたために戸惑ったのである。

【解説】 この会話は、孔子が五十代半ばで諸国の旅へ出る前の魯の国でなされたものである。とくに魯の定公に孔子が認められ、政治に関わるようになってくると、国家的な行事や施策・外交と多忙になってくる。そのようなときに、子路が聞いたことをすぐ実行した場合、国家として信用を失墜する事態が起こることを危惧しなければならなかった。冉有には、もっと積極的に孔子の政治改革に支援してほしいという願いがあったのだと考えられる。

魯国内にいるときには、子路の政治的な活動が目立ち、冉有の存在感は希薄であった。けれども諸国の旅で、孔子とともに多くの苦難を経験したことより、魯国内にいたときの冉有とは異なる人物像へと変容していくのである。

四　子適㆑衛。冉有僕。子曰、庶矣哉。冉有曰、既庶矣、又何加焉。曰、富㆑之。曰、既富矣、又何加焉。曰、教㆑之。（子路九）

子《し》衛《ゑい》に適《ゆ》く。冉有僕《ぜんいうぼく》たり。子曰《しい》はく、庶《おほ》きかな。冉有曰《ぜんいうい》はく、既《すで》に庶《おほ》し、又何《またなに》をか加《くは》へん。曰《い》はく、之《これ》を富《と》まさん。曰《い》はく、既《すで》に富《と》めり、又何《またなに》をか加《くは》へん。曰《い》はく、之《これ》を教《をし》へん。

【現代語訳】先生が衛に行かれた。そのとき馬車の御者をつとめていた冉有に言われた。「なんと人が多いことだ。」冉有が言った。「人が多いという場合には、さらに何をしたらよいでしょうか。」先生は言われた。「豊かにしてあげることだ。」冉有はさらに尋ねた。「豊かになったら、さらに何をしたらよいでしょうか。」先生が言われた。「教育することだ。」

【語釈】

適衛　孔子が魯を去り、諸国遍歴の旅に出た最初の頃のことである。衛の国都の朝歌は華やかで繁栄していた都市であった。

【解説】衛の国は人口も多く、活発な経済活動によって豊かであった。その豊かさを背景に、民衆に対する教育を実施する。冉有は豊かさのみを求めて、晩年の孔子と意志の疎通を欠き、ついには孔子の逆鱗に触れることになる。孔子は生涯にわたって経済的な豊かさよりも、貧富に関係なく学問精進を続け、精神的な充実感を味わうことが、終生変わらない信念であった。

冉有は諸国の旅を孔子とともにするが、哀公四年（前四九一）孔子の帰国より前に魯へ帰り、季康子の宰（家老）として政治手腕を発揮する。帰国した冉有は、魯の哀公よりも、季康子に加担し、哀公の執り行う国家行事を季氏が行うことを阻止せず、また季氏の経済的豊かさのために、民衆から厳しく税をとりたてた。

五　孔子が子路・曽晳《そうせき》・冉有・公西華に対して、おまえたちのことを認めて用いてくれる人がいたら、何をするかと尋ねた。そのときの冉有の抱負を述べたものである。

（求、爾何如。）対曰、方六七十、如五六十、求也為レ之、比レ及二三年一、可レ使レ足レ民。如二其礼楽一、以俟二君子一。　（先進二五）

（求《きう》、爾《なんぢ》は何如《いかん》。）対《こた》へて曰《い》はく、方六七十《ほうろくしちじふ》、如《も》しくは五六十《ごろくじふ》、求《きう》や之《これ》を為《をさ》むるに、三年《さんねん》に及《およ》ぶ比《ころ》には、民《たみ》を足《た》らしむべし。其《そ》の礼楽《れいがく》の如《ごと》きは、以《もつ》て君子《くんし》を俟《ま》たん。

【現代語訳】（求〈冉有〉よ、おまえはどうか。）冉有が答えて言った。「六・七十里四方か、五・六十里四方の狭い土地ですが、私が治めたとしますと、三年もすれば、その土地の民衆の暮しを不自由のないようにさせます。ただ、礼楽による教化については、君子にお願いしてやってもらうことにします。」

【解説】冉有が語ったこの抱負には、孔子の考えに基づく政治のあり方と冉有との違いが明確に表されている。冉有は「礼楽」による民衆の教化や国家体制を整えることは、私にはできないことで、「君子を俟つ（徳のある優れた人の指導にゆだねる）」と言っている。冉有らしい謙遜の言葉だともとれる。けれども、子貢が政治について尋ねたとき「食を足し、兵を足し、民之を信ず。」（顔淵篇）と孔子は政治の三要素として経済・軍備・民衆との信頼関係をあげている。冉有の述べた抱負は三要素の「食を足す」ことに重点が置かれ、他の二要素については、「君子を俟つ」と述べるにとどまっている。ところが、子游が武城の宰となり、礼楽の教化に熱心で、孔子がその政治実践を絶賛している（九七ページ参照）。冉有と孔子との溝は、このような違いから拡大していったと考えられるだろう。

六　冉子退レ朝。子曰、何晏也。対曰、有政。子曰、其事也。如有レ政、雖レ不二吾以一、吾其与二聞之一。（子路一四）

冉子《ぜんし》朝《てう》より退《しりぞ》く。子《し》曰《い》はく、何《なん》ぞ晏《おそ》きや。対《こた》へて曰《い》はく、政《まつりごと》有《あ》り。子《し》曰《い》はく、其《そ》れ事《こと》なり。如《も》し政《まつりごと》有《あ》らば、吾《われ》を以《もち》ひずと雖《いへど》も、吾《われ》其《そ》れ之《これ》を与《あづか》り聞《き》かん。

【現代語訳】冉有が朝の会議をすませて帰ってきた。先生が言われた。「どうしてこんなにおそくなったのだ。」冉有は答えた。「国家的な政治会議があったのです。」先生は問いつめるように言われた。「それは季氏の私事に関わることであろう。もしかりに新しい国家事業があれば、今は閑職の身の上であるが、かつて大夫として政策立案した私に事業内容が曳れ聞こえてこないはずはない。」

【語釈】

朝　季氏の家の朝会議。冉有は季氏の家老をしている身分であるので、魯の公室の朝会議には出席できないはずである。

政　魯国の政治会議。

事　季氏の私的に行われる事務や打ち合わせの会議。

【解説】諸国遍歴の旅を終えて帰国した晩年の孔子の出来事であったと思われる。ここでは冉有は季氏の私的な会議を魯国の実質的な政治会議ととらえ「政」と述べている。しかし孔子はあくまでも季氏の私的な会議で、季氏のための事務や雑務のことに力を注ぐ冉有を戒めている。晩年の孔子は魯の哀公の復権を願い、冉有は実質的な権力をもつ季氏に加担して、魯を治めていこうとする師弟の対立があったと見るべきである。

2 孔子の忠告を聞かない冉有

七　季氏旅㆓於泰山㆒。子謂㆓冉有㆒曰、女弗㆑能㆑救与。対曰、不㆑能。子曰、嗚呼、曾謂㆓泰山不㆑如㆓林放㆒乎。

（八佾六）

季氏《きし》泰山《たいざん》に旅《りよ》す。子冉有《しぜんいう》に謂《い》ひて曰《い》はく、女救《なんぢすく》ふこと能《あた》はざるか。対《こた》へて曰《い》はく、能《あた》はず。子曰《しい》はく、嗚呼《ああ》、曾《すなわ》ち泰山《たいざん》は林放《りんぽう》に如《し》かずと謂《おも》へるか。

【現代語訳】 季氏が泰山で山をまつる大祭を行った。先生は（季氏の家老であった）冉有を召し出し言われた。「おまえは（主人の非礼を）忠告して止めさせることができなかったのか。」冉有は答えました。「できませんでした。」先生は言われた。「ああ、なんということか。泰山の山神さまを、（礼について私と問答をした）林放より礼に対しておわかりになっていないと思っているのか。」

【語釈】

旅　山を祭る祭のこと。訓で「やままつり」と読むテキストもある。この当時、諸侯は領内にある山川をまつることを国家の行事（大祭）としていた。大夫であった季氏がこの祭をすることは礼のおきてに反する非礼この上ないことであった。

泰山　魯国の名山で、宗教的な崇拝を受け、古代から儀式・大祭が行われた山である。

林放　魯の人というだけで、どのような人物かよくわからない。『論語』八佾篇に「礼の根本を孔子に尋ねた」とだけある人物である。

【解説】孔門の十哲として、政事に優れた才能があると評価されている冉有。季康子のもとで宰（家老）をしているときに、孔子は季氏の民衆に対する専横なふるまいや哀公をないがしろにするおごりたかぶった態度を改めさせようとする。冉有は孔子の要望を実行しようとせず、逆に季氏に加担する態度を示す。泰山のこの大祭は魯の君主である哀公が主催すべき大切な祭祀である。孔子が冉有を詰問するのは、国家の秩序が瓦解するほどの重大事件であるという認識があったからである。それに対する冉有は、季氏の機嫌とりをしていれば平穏無事に過ごせるという私利私欲にかられた行為であった。冉有は、孔子の要望をただ単に見過ごしていたばかりでなく、意図的に季氏に加担していたとも考えることができる。

祭礼の主催者を変更することが些細な問題だとして放置していれば、国家秩序の混乱につながる危険性があると孔子は考えていた。

冉有のとった安易な態度は、戦国時代という殺伐とした時代への移行を加速させているのである。ただ冉有の季康子に加担する意図については、別の視点で考えてみる必要もある。

八　冉求曰、非レ不レ説二子之道一、力不レ足也。子曰、力不レ足者中道而廃。今女画。

（雍也一〇）

冉求《ぜんきゅう》曰《い》はく、子《し》の道《みち》を説《よろこ》ばざるには非《あら》ず、力《ちから》足《た》らざればなり。子《し》曰《い》はく、力《ちから》足《た》らざる者《もの》は中道《ちゅうどう》にして廃《はい》す。今女《いまなんぢ》は画《かぎ》れり。

【現代語訳】求（冉有）が言った。「先生の教えやお話がありがたくないわけではありませんが、私の実行がともなわないのは、力が足りないのです。」孔子がこれを戒めて「力が足りないものは途中で止めてしまうだろう。今おまえの場合にははじめから自分の力に見きりをつけているのだ。」と言われた。

【語釈】

説　悦と同じ。喜ぶの意。

女画　「女」は汝に同じ。「画」は自分で力の限界に見きりをつけていること。

【解説】この章について、通説では冉有が消極的で、積極的な活動をしないことを孔子に非難されていると解釈している。とくに季氏の宰として重税を民衆にかけて、季氏を周公よりも裕福にさせていることを孔子は批判し、冉有に改善するよう再三説得している。孔子の晩年には、孔子が主張する「礼楽」に基づく徳治の政治を実現できる時代状況ではなく、斉の桓公から始まる覇者の時代（前七世紀以降）であった。冉有は諸国をめぐる旅で、天下の諸侯を集め、覇者がリーダーシップをとり、天下を治めることを呉の夫差や越の句践の政治行動で実際に体験していた。孔子は周王だけを王として認め、諸侯が王と称することさえ認めていない。また、覇者による力の政治を否定している。

魯の国内において三桓氏が権力を握り、魯の政治を動かしていた。三桓氏の中の最高実力者が季康子であった。哀公の指示により政治を行うことよりも、季康子の権力によって魯の政治が円滑にいくことを冉有は理解していた。孔子は冉有が哀公をないがしろにする態度に何度も忠告し、改めさせようとする。

政事的手腕に優れると評価された冉有は、その気になれば、季氏の専横を改めさせることができたはずである。

しかしながら、冉有は季氏を変えようとするそぶりさえ見せないで、逆に、いいわけがましく「力足らざればなり」と弁解しているのである。

後に孟子が、「人に忍びざる政治」という王道政治を提唱する。冉有は実力ある王による政治を望んでいたと考えられる。

九 季氏富二於周公一。而求也為レ之聚斂而附二益之一。子曰、非二吾徒一也。小子鳴レ鼓而攻レ之可也。

（先進一六）

季氏《きし》周公《しゅうこう》より富《と》めり。而《しか》して求《きゅう》や之《これ》が為《ため》に聚斂《しゅうれん》して之《これ》に附益《ふえき》す。子曰《しい》はく、吾徒《わがと》に非《あら》ざるなり。小子《せうし》鼓《こ》を鳴《な》らして之《これ》を攻《せ》めて可《か》なり。

【現代語訳】 季氏は魯国の先祖の周公より裕福であった。それなのに冉有は季氏のために税を民衆から取りたてて、その富をふやしている。先生が言われた。「冉有は私たちの仲間ではない。諸君、攻め太鼓を鳴らして攻めたててよいぞ。」

【語釈】

周公　周王朝の基礎を築き、魯の国に封ぜられた周公旦。

聚斂　税金を取りたてる。

小子　若い弟子たちのこと。

鳴鼓　当時の戦争では、進軍の合図に太鼓。退却の合図に鐘《かね》。ここでは実際に孔子が弟子たちに武装させ、戦いを始めるのではない。季氏の側にたち、冉有の税のとりたての厳しさをやめさせようとする孔子の強い意志が示されている。

【解説】冉有は、季氏の家老となり、孔子の意図に反して季氏のために、忠実に働き、孔子を失望させている。魯国の政治情勢は君主の哀公では治めきれないと冉求は季氏に加担し、孔子の忠告を聞き入れようとしない。孔子は破門同然の激しい言葉を冉有に投げつける。「吾が徒に非ざるなり。」そして、破門どころか、敵対する集団に向かって挑戦するような「小子鼓を鳴らして之を攻めて可なり。」と冉有に対する訣別の言葉を述べている。

コラム　冉有

『論語』には、冉有を掲載した章が十六章ある。冉有は政治的な才能があるといわれているが、評価・絶賛する面と非難・叱責される面の極端な違いがある。『孔子家語』によれば、冉有は比較的早く入門し、顔回・子貢と同世代で、孔子が魯の定公に認められ、司寇《しこう》（法務大臣）となったときに、孔子に仕えていたといわれる。やや消極的だといわれるが、孔子の教えを素直に受け入れ、人間的にも、政治的な能力にも成長が見られる。

「老人を敬い、幼児を憐れみ、賓客や旅人をよくもてなし、学問を好み多能多才であり、物事を探究して自分にとり入れ、実行できるのが冉有だ」（『孔子家語』弟子行篇）とあり、冉有をほめて「国老としてもよいだろう」と孔子は絶賛している。

諸国をめぐる旅に同行し、孔子が魯の国を出国し、最初の訪問国の衛の国で、孔子の馬車の御者をしている。孔子とともに旅の苦難を体験しているが、孔子が帰国する前に、魯に帰り、季氏の宰となっている。

孔子は六十九歳で魯に帰国した。帰国した孔子が冉有の季氏の家老として、やっている施策や行動に不信感をもった。冉有は、季氏のために多く税をとりたてて、季氏は周公より裕福になった。魯の君主哀公よりも季康子を尊重し、国家の儀式を季氏に執り行うことさえさせていた。孔子は哀公を尊重し、重税の撤廃をさせようと、冉有に何度も忠告をしている。けれども冉有は聞き入れず、「先生の主張される道について理解していますが、私には力が足りないのでできません。」と拒否している。孔子は「吾が徒《と》に非ざるなり」（先進篇）と破門宣言をし、激怒するのである。

季康子の宰となった冉有には孔子の「礼楽」に基づく政治は、理想論であると考えていた。強い権力をもつものがリーダーシップをとるという覇者や、孟子の王道政治のような実力主義に基づく政治形態をめざしていた可能性もある。つまり、孔子の考える周王朝の復興、周王を頂点とした諸侯が周王に従順に社会秩序回復をはかる時代ではないと冉有は考えていた。これが孔子と冉有の師弟間の見解の違いとなり、対立に発展していったのである。ところで、孔子没後、百年の後に、孟子が王道政治を主張する。戦国時代には、優れた人格をもつ王が政治をとることが、提唱されるようになってくる。孔子の活躍した春秋時代には、王といえば周王朝の周王しか、王と称することができない。しかしながら、孔子の晩年には、各地の諸侯が王と潜称するようになり、周王の権威が失墜していった。時代の変化に敏感に対応する冉有は、戦国時代の実力主義に基づく政治形態に傾いていたと思われる。孔子と冉有の師弟関係は、時代の転換期における価値観の違いという視点を入れて考えないと、冉有の正当な評価の視点は見えてこないのである。

Ⅳ　子路（仲由）

姓は仲《ちゅう》。名は由《いう》。字は子路《しろ》、または季路《きろ》。孔子より九歳若い。孔門の十哲（政事）。軽率で粗暴な欠点をもっているが、明朗で実直、一本気な純情さをもっていた。子路は孔子を敬愛し、孔子のために体をはって守る態度をとっていた。衛の内乱で子路は死に、孔子を悲しませた。

1　孔子の見る子路像——長所と欠点

一　子曰、片言可二以折レ獄者、其由也与。子路無レ宿レ諾。

（顔淵一二）

子曰《しい》はく、片言《へんげん》以《もつ》て獄《ごく》を折《さだ》むべき者《もの》は、其《そ》れ由《いう》なるか。子路《しろ》諾《だく》を宿《とど》むること無《な》し。

【現代語訳】先生が言われた。「一言を聞いただけで裁判の判決がくだせるのは、子路ぐらいだろうな。」子路は引き受けたことを先のばしすることがなかった。

【語釈】

片言　一言。裁判官となり、一方の言葉を聞き、それを聞いただけで判決をくだすことができた。新注では被告となったとき、子路の発言を聞いただけで裁判の全容がはっきりするという説をとる。

折獄　裁判の判決をくだすこと。

無宿諾　承諾したことは先のばしをしなかった。

【解説】この章は子路の政事的・物事に対する決断力の卓越した点を表わした章である。即断即決が求められる、戦場や緊急事態に必要な最高指導者の資質・能力を子路はもっていた。中島敦は小説『弟子』で、子路を遊侠の徒・無頼の徒であったが、孔子に私淑して学問の道をめざしたとする。その人物造型は、子路の人物像の核心をついている。一方、遊侠の徒として修羅場を体験したことによる即断即決が身についていたと考えることができる。この当時、貴族や諸国の政治を担当する大夫たちは、自己責任を逃れるために、自己の主張や決断をためらい、責任を転嫁したために、政治的な停滞や混迷が各国で続発していた。孔子が子路の政事能力を高く評価する点は、このような時代背景があったからである。

二　孟武伯問、子路仁乎。子曰、不レ知也。又問。子曰、由也千乗之国、可レ使レ治二其賦一也。不レ知二其仁一也。（略）

（公冶長七）

孟武伯《まうぶはく》問《と》ふ、子路《しろ》は仁《じん》なるか。子曰《しい》はく、知《し》らざるなり。又《また》問《と》ふ。子曰《しい》はく、由《いう》や千乗《せんじよう》の国《くに》、其《そ》の賦《ふ》を治《おさ》めしむべきなり。其《そ》の仁《じん》なるを知《し》らざるなり。（略）

【現代語訳】孟武伯が尋ねた。「子路は仁者ですか。」先生が言われた。「わかりませんね。」（孟武伯が問いかえした）先生が言われた。「子路は諸侯の国の財政をきりもりさせることができますが、仁者かどうかはわかりません。」

【語釈】

孟武伯　孟孫氏の十代仲孫彘《ちゅうそんてい》。孔子とともに政治に携わった孟懿子《もういし》の子。孔子の最晩年に父の後を継ぎ、大夫となった。

賦　国家の財政。

【解説】子路は性格的に人間らしい寛大な心や愛情のこもった態度や行動をとることが苦手であった。けれども孔子は、子路の政治的手腕として小さな国家を統治する能力をもっと評価した。子路は、彼独得の人心掌握術や統率する能力をもっていた。子路は学問精進に専念したり、周囲の人のことに配慮したりするのに、不充分な点があった。ところが子路は〝自分がやると決めたこと〟は、ややもすれば蛮勇ともいえるほどの優れた実践・指導力を発揮するのである。子路は独断専行しながらも多くの人たちから支持され、納得してもらえるという不思議な魅力をもっている。

孔子はそのような子路の長所を活かし、欠点の軽率・短気なことに留意しながら、子路を見守っている。子路は「この世でわれを知る人」と孔子に敬慕の思いを持ち続けるのである。

三　季子然問、仲由・冉求可レ謂二大臣一与。子曰、吾以レ子為二異之問一。曾由与レ求之問。所謂大臣者、以レ道事レ君、不可則止。今由与レ求也、可レ謂二具臣一矣。曰、然則従レ之者与。子曰、弑二父与一レ君、亦不レ従也。

（先進二三）

季子然《きしぜん》問《と》ふ、仲由《ちゅうゆう》・冉求《ぜんきゅう》は大臣《だいじん》と謂《い》ふ可《べ》きか。子曰《しい》はく、吾子《われし》を以《もっ》て異《い》を之《こ》れ問《と》ふと為《な》す。曾《すなは》ち由《いう》と求《きう》とを之《こ》れ問《と》ふか。所謂大臣《いはゆるだいじん》とは、道《みち》を以《もっ》て君《きみ》に事《つか》へ、不可《ふか》なれば則《すなは》ち止《や》む。今由《いまいう》と求《きう》とは、具臣《ぐしん》と謂《い》ふべし。曰《い》はく、然《しか》らば則《すなは》ち之《これ》に従《したが》ふ者《もの》か。子曰《しい》はく、父《ちち》と君《きみ》とを弑《しい》するには、亦従《またしたが》はざるなり。

【現代語訳】季子然が尋ねた。「仲由・冉求は宰相ともいえる立派な家臣といえるでしょうね。」先生が言われた。「私はあなたが何か特別なことでも尋ねられると思っていました。お尋ねのことは仲由と冉有のことなのですね。世の中で『大臣』といわれる人は正しい政治をするために君に仕え、それができなければ辞任するものです。（お尋ねの）仲由と冉有は、人数あわせの普通の家臣です。」（その言葉を聞いた季子然は）言った。「それならば、二人は季氏の言いなりになりますか。」先生が言われた。「父や君主を殺すような大逆無道な人には従うはずはありません。」

【語釈】
季子然　季氏の一族の人らしいが、伝不詳。
大臣　魯の国の宰相クラスの人物。管仲のように斉の桓公と肩をならべるほどの実力のある宰相。
具臣　人数あわせの普通の家臣。

【解説】この孔子の問答は、かつて子路が季氏の宰となり、その後に冉有などが宰となっている。季子然は孔子の高弟が季氏の宰として季孫氏に貢献していることを自慢している。それに対して、孔子は季康子を含めた季氏の魯の国における専横ぶりに、わが門弟たちは、決して加担しないようにという強い意志を表わしているのである。

後年、諸国をめぐる旅にいた孔子一行に対して季孫氏の七代目の季康子は、子路の政治的能力を尋ねている。「子路は政治にあたらせることはできますか。」先生が言われた。「子路は決断力があります。政治にあたられても何のさしつかえはありません。」（雍也篇）

この会話は、諸国の旅をしている孔子を、季康子は自分の所領を任せるために帰国させたいと考えた。けれども、家臣の反対で断念せざるをえなかった。孔子の代わりとなる弟子について、子路・子貢・冉有の能力を尋ねた。そのとき、子路の評価を孔子が語った章である。孔子は子路が「果（決断力）」に富むと高く評価している。子路は季孫氏が魯国内で、君主を無視した勝手な振舞いをしないよう孔子が警戒していることを知っていた。かつて季氏の宰の経験のある子路は、諸国をめぐる旅から帰国して以降、季氏の政事に関わることを決してしなかった。

2 孔子の見る子路像—人となり

四 閔子侍レ側。誾誾如也。子路行行如也。（略）若二由也一、不レ得二其死一然。（先進一二）

閔子《びんし》側《かたはら》に侍《じ》す。誾誾如《ぎんぎんじょ》たり。子路《しろ》行行如《かうかうじょ》たり。（略）由《いう》や若《ごと》きは、其《そ》の死《し》を得《え》ざらん。

【現代語訳】 閔子騫《びんしけん》が（先生のお側にいて）つつしみ深くなごやかに談笑していた。子路は、勝手気ままでほこらしげであった。「子路のような態度では、まともな死にかたはできないだろうな。」

【解説】 先進篇に「由や喭《がん》」と子路は「喭」であるといわれ、「不作法だ」とか「がさつ」であるとか、行儀が悪く、常識的な礼から脱俗する面があった。さらに、弟子たちがなごやかに談笑しているとき、子路は「行行如《かうかうじょ》たり（何ごとにもこだわらず、おそれを知らぬ蛮勇をふるう態度をみせた）」（先進篇）のである。これを見た孔子は「由《ゆう》やの若《ごと》きは、其《そ》の死を得ざらむ（子路は、まともな死にかたはできないね）。」と案ずる言葉をかけている。

五　子路有レ聞、未二之能一行、唯恐レ有レ聞。（公冶長一三）

子路《しろ》聞《き》くこと有《あ》りて、未《いま》だ之《これ》を行《おこな》ふこと能《あた》はざれば、唯《た》だ聞《き》く有《あ》らんことを恐《おそ》る。

【現代語訳】子路《しろ》は、先生の教えを聞いて、まだ実行できない間は、別の教えを聞くことをひたすらこわがった。

【語釈】

恐有聞　次の教えを聞くのを恐れた。

桑原武夫は「『恐』という強い言葉によって、子路の学問への純真な気持を的確にあらわしている。こういう言葉によって、子路は後世の読者の人気を博しているのだ」と指摘する。

さらに、貝塚茂樹は子路を絶賛する意見を述べている。「言論よりも行動、理論よりは実践を重んじた門下で、この子路ほど教訓を実践にうつそうとひたむきに努力したものは少ない。孔子が子路を大好きだったのは、こういう美点があるからである。子路の人柄は、孔子でなくとも、だれでも好きにならずにはいられないだろう。」

【解説】子路について孔子は「由や、勇を好むこと我に過ぎたり。」（公冶長篇）と述べている。子路は正義を実行することの困難については、恐れることはなかったが、子路が恐れたのは、聞いた教えが実行されずにいることを恐れたのである。子路は承諾したことに責任をもち、必ず完遂できるという、自分の実行力に自信をもっていた。

六　顔淵・季路侍。子曰、盍三各言二爾志一。子路曰、願車馬衣軽裘、与二朋友一共、敝レ之而無レ憾。

（公冶長二五）

顔淵《がんえん》・季路《きろ》侍《じ》す。子《し》曰《い》はく、盍《なん》ぞ各《おのおの》爾《なんぢ》の志《こころざし》を言《い》はざる。子路《しろ》曰《い》はく、願《ねが》はくは車馬《しゃば》衣軽裘《いけいきう》、朋友《ほういう》と共《とも》にし、之《これ》を敝《やぶ》るとも憾《うらみ》無《な》からん。

【現代語訳】顔淵と子路が先生のお側についていた。先生が言われた。「どうだおまえたちの希望を言ってみないか。」子路がまず口をきって言った。「車や馬、上等な衣服を友人と共用して、ぼろぼろになるまで使い、惜しいと思わない。（そのような生活がしてみたいのです。）」

【解説】師から希望や望みがあればと聞かれ、間髪入れず希望を述べる、子路の人物像がよく表現されている章である。やや思慮に欠ける面があるが、即断即決して得意になっている。子路の希望の内容を考察してみると、原始共同体の私有財産をもたず、村落で自給自足して信頼しあい、生きる人々のことを想定していたかもしれない。人間の善意を疑わずに生きる子路の人間像の一面が見られる章である。

七　子疾病。子路請レ禱。子曰、有レ諸。子路対曰、有レ之。誄曰、禱二爾于上下神祇一。子曰、丘之禱久矣。

（述而三四）

子《し》の疾病《やまひへい》なり。子路《しろ》禱《いの》らんことを請《こ》ふ。子《し》曰《い》はく、諸《これ》有《あ》りや。子路《しろ》対《こた》へて曰《い》はく、之《これ》有《あ》り。誄《るゐ》に曰《い》はく、爾《なんぢ》を上下《しやうか》の神祇《しんぎ》に禱《いの》る。子曰《しい》はく、丘《きう》の禱《いの》ること久《ひさ》し。

【現代語訳】先生の病気が重く、容態が心配された。子路はこの状態にいても立ってもいられない気持ちになり、(ご利益《りやく》のある)祈禱をしてもらってはと願いでた。先生は「そのような礼はあるのか。」と言われた。子路は言った。「ございます。誄《るい》の言葉に『(あなたの回復を)天地の神々にお祈りします』とあります。」先生は言われた。「そのような祈りなら、私はずっと前から(天地の神々)に捧げているよ。」

【語釈】

誄　その人の功績を述べて、(天地の神に)祈る言葉。諸説あり、死者に対する追悼文などとする説もあるが、ここでは孔子は死んでいないので追悼文ではない。

【解説】この会話の時期についても諸説があるが、子路が健在であり、おそらく、諸国の旅を終えて帰った直後に、孔子が体調を崩したものと考えられる。子路の師を思う気持ちが率直に表わされている。それにしても、そそっかしさは子路の天性の性格のようである。

子罕篇にも「子の疾病なり。」の章があり、子路は師の危篤の状況を見て、かつて魯の大夫として活躍した孔子が死を迎えたらと、大夫として葬儀の準備をしていた。孔子が病状回復したとき、子路の騒ぎに対して、臣のいない身分なのに臣のあるように偽ったことを、人間はだませても、天はだませないと厳しい口調で諭している。

子路の立場に立ってこの二章を考えてみると、子路の孔子に対する必死の思い(いつまでも生きていてほしいという思い)の深さを見てとることができる。師の死を何としても回避するための手段を選ばない天への祈り。そして、悲しい死を迎えたときのための葬儀の準備。孔子が死に至らず子路の周章狼狽ぶりは笑いとなっているが、別の視点から考えてみると、子路にとって孔子は〝かけがえのない存在であり、子路の必死の思い〟が伝わってくる章である。

八　子曰、衣㆓敝縕袍㆒、与㆘衣㆓狐貉㆒者㆖立而不㆑恥者、其由也与。不㆑忮不㆑求、何用不㆑臧。子路終身誦㆑之。子曰、是道也、何足㆓以臧㆒。

（子罕二六）

子曰《しい》はく、敝《やぶ》れたる縕袍《うんぽう》を衣《き》、狐貉《こかく》を衣《き》たる者《もの》と立《た》ちて恥《は》ぢざる者《もの》は、其《そ》れ由《いう》なるか。忮《そこな》はず求《もと》めず、何《なに》を用《も》つてか臧《よ》からざらん。子路終身之《しろしゆうしんこれ》を誦《しよう》す。子曰《しい》はく、是《こ》の道《みち》や、何《なん》ぞ以《もつ》て臧《よ》しとするに足《た》らん。

【現代語訳】先生が言われた。「ぼろぼろの綿入れの着物をきて、狐や貉《むじな》の毛皮をきた人と並んで立っていても恥ずかしがらないものは、子路ぐらいではないだろうか。『人をそこなうのでもなく、利益を求めるわけではない。何でよくないことがあろうか。』」子路は喜び（この詩が気に入り）生涯この詩を愛誦しようとした。（その様子を見て）先生が言われた。「やっていることは立派だが、これですべてよしだと言えようか。」

【語釈】

敝縕袍　「敝」はやぶれる。「縕」は麻をさいて作った綿。「袍」は綿入れの衣。貧者は着替えもなく、一着で寒い冬をすごす、そまつな冬衣。

衣狐貉　狐や貉《むじな》の毛皮で作った上等の毛皮のコート。裕福で地位の高い人の着る冬衣。

【補説】「不忮不求、何用不臧」は『詩経』邶風《はいふう》・雄雉《ゆうち》篇の最後の二句である。

百爾君子　もろもろの君子の方々《かたがた》は
不知徳行　みな徳行のよいことをわきまえておられよう
不忮不求　人を傷つけず、むさぼり求める心がなければ
何用不臧　何んでよくないことがあろうか

【解説】この章の師弟のやりとりは、臨場感をもって時代を越えて、私たちに伝わってくる。

　体裁を気にせず、行動する子路に対して、孔子は、自分にはできない挙措動作・行動をする子路に、思わず『詩経』の言葉で、子路の行動をたとえてみた。すると、子路は称賛されたことだけを喜び、臨機応変に着物や礼儀作法を変えて対応しなければならないことを忘れ、詩経の章句だけを愛誦していた。天真爛漫な子路の一面が見えてくる章句である。

　子路のこのような単純で明朗で、自分が納得することのできるものは即座に実行に移す。他の門人には見られない孔子に対する従順で素直な態度を門人たちの最年長の子路が示すことで、この孔子の門人集団の結束力が高まったことは事実である。

3 師の教えによって変わる子路

九　子路問二君子一。子曰、脩レ己以敬。曰、如レ斯而已乎。曰、脩レ己以安レ人。曰、如レ斯而已乎。曰、脩レ己以安二百姓一。脩レ己以安二百姓一、堯舜其猶病レ諸。（憲問四五）

子路《しろ》君子《くんし》を問《と》ふ。子曰《しい》はく、己《おのれ》を脩《をさ》めて以《もつ》て敬《けい》す。曰《い》はく、斯《か》くのごとくなるのみか。曰《い》はく、己《おのれ》を脩《をさ》めて以《もつ》て人《ひと》を安《やす》んず。曰《い》はく、斯《か》くのごとくなるのみか。曰《い》はく、己《おのれ》を脩《をさ》めて以《もつ》て百姓《ひやくせい》を安《やす》んず。己《おのれ》を脩《をさ》めて以《もつ》て百姓《ひやくせい》を安《やす》んずるは、堯舜《げうしゆん》も其《そ》れ猶《な》ほ諸《これ》を病《や》めり。

【現代語訳】子路が君子について尋ねた。先生が言われた。「自己の人格の修養につとめ、つつしみ深くすることだ。」子路は（師の言葉を聞き）言った。「（君子という人格者になれるのは）そんなことだけでなれるのですか。」（子路の理解が不充分だと思い）先生が言われた。「自己の人格の修養につとめ、周囲の人を安心させることだ。」（子路は）言った。「そんなことだけでなれるのですか。」先生は（子路がまだ理解できていないと考えて）言われた。「自己の人格を完成させて（その影響が社会全体に及んで）世の中の人すべての人が安心して暮せるようになる。このようなことは聖天子の尭や舜でも困難なことだと心を悩ませたことなのだ。」

【語釈】

脩己　自己の人格を完成させるための修養につとめること。

敬　いつも心をひきしめ慎重に行うこと。

如斯而已乎　そのようなことだけですか。（子路はいとも簡単に達成できるようにと考えた発言）

百姓　天下の人々。

尭舜　儒家の理想とする聖天子。

病諸　天下の人々に安心・満足感が与えられることに心をくだき悩んでいた。

【解説】孔子と子路の人間修養のあり方や到達目標の違いが明確に示された章である。「脩己以敬」という「自己の精進と錬磨、そして、つつましく慎重な態度」は長い歳月をかけて培うことのできるものである。それは最高の人格者「君子」にしかできないと考えていた孔子。それに対して、「感情的にならず、穏やかな人柄」程度にしか考えなかった子路。孔子は相手の理解度を察知する能力に優れ、子路が理解不充分だと理解した。そこで「安人」とは人々に安心感が与えられる人格だと言い直している。それでも理解されていないので、聖天子の尭舜をもち出し、究極的に理想的な人格者のみしか果たすことのできないものであると説明している。孔子は理解不充分な点に関して、根気強く、教え導いている。このような情熱が子路の人間性へにも影響して、子路は知的関心を広めようと努力し、徳のある人間へ変わっていけるようにと心に刻みつけていくのであった。

十　子曰、由之瑟、奚為於㆓丘之門㆒。門人不㆑敬㆓子路㆒。子曰、由也升㆑堂矣。未㆑入㆓於室㆒也。

（先進一四）

子曰《しい》はく、由《いう》の瑟《しつ》、奚為《なんす》れぞ丘《きう》の門《もん》に於《お》いてせん。門人子路《もんじんしろ》を敬《けい》せず。子曰《しい》はく、由《いう》や堂《だう》に升《のぼ》れり。未《いま》だ室《しつ》に入《い》らざるなり。

【現代語訳】先生が言われた。「子路の瑟の演奏は、わたしの家の中でやってほしくないね。」（この言葉を聞いた）弟子たちは子路を尊敬しなくなった。（その弟子たちの態度を見て）先生が言われた。「子路は表座敷まで到達しているが、奥座敷に至っていないだけなのだ。」

【語釈】

瑟　大琴。琴が七絃であるのに、瑟には二十三絃・二十五絃・二十七絃のものがある。詩を習うときには、二十五絃の瑟で弾き語りした。

【補説】子路が瑟を演奏する際、あらあらしく殺伐な演奏のしかたをしたと『孔子家語』（弁楽解篇）に紹介されている。子路の演奏は北鄙殺伐《ほくひさつばつ》であると孔子が言った。それを冉有が子路に伝えると、子路は大いに反省し、「静思して食わず、以て骨ばり痩せるようになった。」その様子を見て先生は「過ちて能く改む。其れ進まんかな。」と言ったという。

【解説】子路は孔子の一言半句に敏感に反応する。孔子の言葉は、子路にとって〝天の声〟のように受けとめ、素直に反省につとめるのである。孔子の学問には「礼楽」を修得することが求められている。楽器とは無縁な生活をしていた子路が瑟の演奏に必死に取り組み、修得しようとするひたむきさが表われている。
それほど師の教えが子路にとって人生を賭けて修得すべき目標となったのである。

十一　季路問レ事二鬼神一。子曰、未レ能レ事レ人、焉能事レ鬼。敢問レ死。曰、未レ知レ生、焉知レ死。（先進一一）

季路《きろ》鬼神《きしん》に事《つか》へんことを問《と》ふ。子曰《しい》はく、未《いま》だ人《ひと》に事《つか》ふること能《あた》わず、焉《いづ》くんぞ能《よ》く鬼《き》に事《つか》へん。敢《あへ》て死《し》を問《と》ふ。曰《い》はく、未《いま》だ生《せい》を知《し》らず、焉《いづ》くんぞ死《し》を知《し》らん。

【現代語訳】季路（子路）が死者の霊や神々におつかえすることについて尋ねた。先生が言われた。「私はまだ充分人に対しておつかえ（人に対応する方法）することができない。どうして未知の死者の霊におつかえすることができようか。」（子路が）「失礼とは存じますが死とは何か、お教えくださいませんか」と尋ねた。先生が言われた。「私はまだ生きるということをよく知らない。どうして死について話すことができようか。」

【語釈】

事鬼神　「事」は奉仕する。ここでは未知なる世界のものの対処のしかたを尋ねるの意。「鬼」については諸説があるが、「死者の霊」。祭祀を受ける霊として祖先の霊のこと。「神」は人間の直接の祖ではない天の神。「祇」という地の神に対するもの。

【解説】この章に対する説は多岐にわたる。この章が先進篇の「顔淵死」という四章連続した後に続く章であるという視点に立って考えたとき、顔回の死に絶望する師に対する子路の心遣いがあるとも考えられる。さらにこの章の続きに「由やの若《ごと》きは其の死を得ざらん」と子路の死を予感させる章となっている。

この「鬼神に事ふ」ことは、子路は当時の土俗信仰に影響されていたと考えられる。「土俗信仰」について明確にすることはできないが、鬼神や霊魂に依拠する信仰があったと思われる。ただ、孔子は「怪力乱神を語らず」（述而篇）の態度を貫き、学問的で合理的な思考方法を判断基準としている。子路の不可思議な世界に沈潜する迷妄を、現実生活にひきもどし、確かに日々生きることを伝えているのである。

十二

子路曰、桓公殺㆓公子糾㆒。召忽死㆑之。管仲不㆑死。曰、未㆑仁乎。子曰、桓公九㆓合諸侯㆒、不㆑以㆓兵車㆒、管仲之力也。如㆓其仁㆒。如㆓其仁㆒。（憲問一七）

子路《しろ》曰《い》はく、桓公《くわんこう》公子糾《こうしきう》を殺《ころ》す。召忽《せうこつ》之《これ》に死《し》す。管仲《くわんちゆう》死《し》せず。曰《い》はく、未《いま》だ仁《じん》ならざるか。子《し》曰《い》はく、桓公《くわんこう》諸侯《しよこう》を九合《きうがふ》するに、兵車《へいしや》を以《もつ》てせざるは、管仲《くわんちゆう》の力《ちから》なり。其《そ》の仁《じん》に如《し》かんや。其《そ》の仁《じん》に如《し》かんや。

【現代語訳】子路が言った。「桓公は公子糾を殺した。家臣の召忽は殉死した。にもかかわらず、管仲は殉死もせず、生きのこった。先生の常に言っておられる『仁』に反する行為ではありませんか。」先生が言われた。「桓公は諸侯を九度も会盟させたが、武力をもって諸侯を集めたのではない。この会盟の成功は管仲の力によっている。だれがこの仁徳に及ぶものがいようか。管仲の仁徳によるものだ。」

【解説】管仲の評価について、「管仲の器、小なるかな」（八佾篇）では、「管仲の器量は小さい」と管仲に対する厳しい評価をしている。つまり、主君桓公と家臣である管仲が対等の礼で所遇され、管仲は君臣の礼をわきまえない礼儀知らずな人間だと非難されている。ところが本章では子路が、管仲はかつての主君公子糾に殉死せず「仁」と言えないと言った。それに対して、孔子は管仲の政治的功績はきわめて高く、「管仲の仁徳に及ぶものがあろうか」と述べている。そして憲問篇で、子貢が「管仲は仁者に非ざるか」の問いに対して、政治的な業績を高くして中華の文化を異民族に蹂躙《じゅうりん》されず守ったことを絶賛している。これに対して木村英一は「管仲の非礼を非難した八佾篇は魯儒の礼家に伝誦された資料に対して、管仲に好意的な憲問篇は斉に伝誦もしくは斉で潤色された資料から出たと推定される」という説を提示する。子路や子貢に管仲の評価を好意的に述べて、政治的手腕が評価される子路、外交的能力に優れた子貢に対して、管仲が主君を覇者にした政治的能力を評価し、子路や子貢に政治的活躍を孔子が期待していたのである。

【まとめ】子路は孔子のもとで学び教えを受けた当初、あまりに他の弟子に比べて知識が不足することを子路自身痛感し、ひたむきに学び、知的関心を高め努力している。孔子が魯の国を去り、諸国をめぐる旅に出るまでの子路四十代には、相当の学識や孔子の教えや主張の概要が理解できるようになってきたと考えられる。とくに三桓氏の専横を抑制しようと三都の破壊に情熱をかたむけていた頃の師弟間の協力関係はみごとなものであった。

4　師に対して意見・反論する子路

孔子が魯の宰相代理の重責を荷ない、魯の定公に政治手腕を認められ活躍した時期には、子路との間に意見がくい違うことはなかった。魯の国で失脚して諸国の旅に出て、師弟間の意見の対立や子路の抗議することが起こってくる。とくに、孔子が功を急ぐあまりに拙速な行動に出たり、飢餓に迫られたときに悠然とした態度をとっていた。このような状況に子路は、厳しい意見を述べ、抗議の言葉を孔子に投げつけた。また、この時期には、魯の国で経験したことのない殺害されそうな危険にあったり、隠者といわれる人々に痛烈な批判をされることがあった。子路は孔子に対して意見・反論をするが、孔子が生命の危険な状況におかれると、子路は命をかけても孔子を守ろうとする必死な態度を見せるのであった。

十三

子路使㆔子羔為㆓費宰㆒。子曰、賊㆓夫人之子㆒。子路曰、有㆓民人㆒焉、有㆓社稷㆒焉。何必読㆑書、然後為㆑学。子曰、是故悪㆓夫佞者㆒。

（先進二四）

子路《しろ》子羔《しこう》をして費《ひ》の宰《さい》たらしめんとす。子曰《しい》はく、夫《か》の人《ひと》の子《こ》を賊《そこな》はん。子路曰《しろい》はく、民人《みんじん》有《あ》り、社稷《しゃしょく》有《あ》り。何《なん》ぞ必《かなら》ずしも書《しょ》を読《よ》みて、然《しか》る後《のち》に学《がく》と為《な》さん。子曰《しい》はく、是《こ》の故《ゆえ》に夫《か》の佞者《ねいしゃ》を悪《にく》む。

【現代語訳】 子路が（政治経験のない）子羔を費の家老にさせようとした。先生が言われた。「若い子羔をだめにしてしまうぞ。」子路が言いかえしました。「（治めるべき）民衆がいて、（町としてあるべき）土地神さまを祭っています。書物を読むことだけが学問・知識ではないはずです。（実際の実務を経験させることも学ぶことになるはずです。）」（この子路の言葉を聞き、）先生が言われた。「これだから、口だけが達者のやつらはきらいなんだよ。」

【語釈】

子羔　孔子の弟子。姓は高《こう》。名は柴《さい》。字は子羔《しこう》。孔子より三十歳、もしくは四十歳若い。

費宰　「費」は季孫氏の所領の町。「宰」は季孫氏の所領であったので、家老とか執事の意味となる。

賊夫人之子　「賊」は損なう、だめにする。「夫人之子」は「あのだれそれの人の子」が直訳で「あの若者を」の意となる。

社稷　「社」は土地の神を祭る場所。「稷」は穀物の神を祭る場所。

何必読書、後後為学　書物を読むことばかりが学び知識を得ることではない。子路は経験や体験をすることが学ぶことになると強弁する。

悪　憎む。嫌う。憎悪・嫌悪の「悪」で「オ」と読む。

佞者　口先が達者で、実行のともなわない人間のこと。

【解説】　先進篇で「柴《さい》や愚（おろか・愚直）…由や喭《がん》（荒々しく・がさつ）」と孔子は子羔（高柴）・子路の人物評価の言葉を述べている。費は季孫氏の領地で、治めることの難しい町だといわれている。子路は実践経験をして理解する、つまり政事的な研修・実習のつもりで子羔を費の宰にしようとした。孔子は政事的な失敗は民衆に甚大な被害をもたらす、生死に関わる問題に発展する重大事となることを熟知している。それ故の反対論を述べているのである。子路は自分の体験で、政事的手腕に自信があり、子羔にもできると推挙しようとしている。子路の活躍した時代から三百年ほど後の項羽の言った言葉と類似している。『史記』項羽本紀で、「項籍少《かうせきわか》き時、書を学んで成らず。去って剣を学ぶ。又成らず。季父項梁《かうりやう》之を怒《いか》る。項籍曰はく、『書は以て名姓を記するに足るのみ。剣は一人の敵。学ぶに足らず。万人の敵を学ばん』」と項羽の若い頃の記述がある。子路が子羔を推挙しようとしたことと項羽の自信過剰な面とが類似しているように思われる。慎重さに欠ける子路に対して、孔子は「夫の佞者を悪む」と口達者の者と一般論のように言い、直接子路を非難した言葉となっていないが、子路の暴虎《ぼうこ》憑《ひょう》河《が》（血気にはやり無謀で命知らずな勇を振るうこと）に対する痛烈な非難の言葉を吐露しているのである。

十四　公山弗擾以レ費畔。召。子欲レ往。子路不レ説。曰、末レ之也已。何必公山氏之之也。子曰、夫召レ我者而豈徒哉。如有二用レ我者一、吾其為二東周一乎。（陽貨五）

公山弗擾《こうざんふつぜう》費《ひ》を以《もっ》て畔《そむ》く。召《よ》ぶ。子往《しゆ》かんと欲《ほっ》す。子路《しろ》説《よろこ》ばず。曰《い》はく、之《ゆ》く末《な》きのみ。何《なん》ぞ必《かなら》ずしも公山氏《こうざんし》に之《こ》れ之《ゆ》かんや。子曰《しい》はく、夫《そ》れ我《われ》を召《め》す者《もの》にして豈《あ》に徒《いたづ》らならんや。如《も》し我《われ》を用《もち》ふる者《もの》有《あ》らば、吾《われ》は其《そ》れ東周《とうしゅう》を為《な》さんか。

【現代語訳】 公山弗擾《ふつじょう》が費（の都城）によって、魯の国で内乱を起こそうとした。（そのとき、弗擾は先生に）協力を求めて招いた。先生はこれに応じられようとした。子路は（先生の態度に）不服で反対して言った。「（公山氏のところに）行くことはないでしょう。よりによって公山氏のところに行かれることはないでしょう。」先生が言われた。「わざわざ私を招聘しようとするのだから、何かわけがあるのだろう。もし私を採用して政治をまかせてくれたならば、（かつて洛陽の地で周の政治を）東周が復興したように、（周の政治を現実に）実現してみたいのだ。」

【語釈】

公山弗擾　姓は公山、名は弗擾。『左伝』や『史記』には公山不狃《ふじゅう》とある。字は子洩《しせつ》。季氏に仕えて費の宰であったが、不満をもち陽虎とともに反乱を計画していた。

【解説】 この反乱計画については諸説あるが、魯国内の三桓氏の専横に対する不満の試みとして公山弗擾・陽虎の計画があったとする説をとり、孔子五十一～二歳頃のことであったとする。公山弗擾が費の兵を率いて曲阜城内に攻めこんだのは定公十二年（前四九八）で、孔子は五十五歳であった。

孔子は血気盛んな改革の意欲を見せ、子路が冷静に、孔子を説得し、公山弗擾に加担しようとすることを押しとどめている。三桓氏の専横に対する排斥の意向をもち続けていた孔子は、陽虎や公山弗擾の動向に好意的な思いをもっていたことがある。孔子の思惑は、単純に陽虎や公山弗擾に加担するのではなく、三桓氏の専横に対する改革のために、彼らを利用しようとしたとも考えられるのである。

子路は人間の善悪を見極める勘の鋭さをもっていた。そのために陽虎や公山弗擾は魯国の社会秩序を回復のための行動ではなく、彼らの私利私欲の挙兵であると見抜き反対したのである。諸国遍歴の旅で辛酸な体験をするまでの孔子は、悪人に対しても善意の心をもち続け、失敗することもあった。この時期の孔子には、東周王朝の復活という情熱をもち、手段を選ばず目的達成に執着するという一面もあった。

十五

公伯寮愬二子路於季孫一。子服景伯以告。曰、夫子固有三惑二志於公伯寮一、吾力猶能肆二諸市朝一。子曰、道之将レ行也与、命也。道之将レ廃也与、命也。公伯寮其如レ命何。（憲問三八）

公伯寮《こうはくれう》子路《しろ》を季孫《きそん》に愬《うった》ふ。子服景伯《しふくけいはく》以《もつ》て告《つ》ぐ。曰《い》はく、夫子《ふうし》固《もと》より公伯寮《こうはくれう》に惑志《わくし》有《あ》り。吾力《わがちから》猶《な》ほ能《よ》く諸《これ》を市朝《してう》に肆《さら》さん。子曰《しい》はく、道《みち》の将《まさ》に行《おこな》はれんとするや、命《めい》なり。道《みち》の将《まさ》に廃《すた》れんとするや、命《めい》なり。公伯寮《こうはくれう》其《そ》れ命《めい》を如何《いかん》せん。

【現代語訳】公伯寮が季孫氏に子路の計画を密告した。子服景伯は、このことを耳にして孔子に告げて言った。

「あのかた（季孫氏）は公伯寮のことを半信半疑となっておられます。私はそれでもまだ公伯寮ごときに対して処刑するくらいの力があります。」先生が言われた。「ここまで政治活動ができて、私のめざす道が行われることも天命です。道が行われないのも天命です。公伯寮も天命だけはどうすることもできないでしょう。」

【語釈】

公伯寮　孔子の弟子で、字は子周。魯の人。

季孫　当時の魯の実力者季武子。

子服景伯　魯の叔孫氏の一族である子服氏。名は何忌《かき》。字は伯《はく》。諡は景。

肆諸市朝　「肆」は死体を見せしめにする。当時、人の多く集まる市場や朝廷の庭で、公開処刑をして、見せしめにすることがあった。

【解説】孔子が三桓氏の三都（季孫氏の費《ひ》・叔孫氏の郈《こう》・孟孫氏の郕《せい》）を武装解除しようとした前四九七年の事件があった。孔子は五十六歳であった。季武子に信用された孔子が子路を推薦して費城の撤去に成功する。ところが公伯寮の密告によって季武子が疑問をもち、そのことを子服景伯は孔子に伝えてきた。公伯寮を排除すれば、季武子は自分の領地のみならず叔孫氏の郈・孟孫氏の郕を撤去することを容認したかもしれない。このとき公伯寮の排除に関して、孔子は天命を信じて公伯寮を排除しようとしなかった。「私の政策が実行されるのも、されないのも天命によります。公伯寮の力ではどうすることもできないでしょう。」

孔子は子服景伯に謝意を表して、公伯寮の排除に何もしなかった。このため孟孫氏の郕は孟孫・季孫の反撃にあって成功せず、孔子の改革運動は失敗することになるのである。三城撤去に子路は粉骨砕身取りくみ、第一歩の費の撤去に成功した。子服景伯は孔子の改革に賛同するがゆえに、弟子でありながら密告して季武子に、情報を流そうとする公伯寮の排除を進言した。孔子は自己の改革を天命によるものと楽観的にとらえ放置していた。ところが公伯寮の密告が功を奏し、結極改革に失敗し、孔子は国外へ亡命する旅へ出ることになるのである。

十六　子見二南子一。子路不レ説。夫子矢レ之曰、予所レ否者、天厭レ之。天厭レ之。（雍也二十六）

子南子《しなんし》に見《まみ》ゆ。子路《しろ》説《よろこ》ばず。夫子之《ふうしこれ》に矢《ちか》ひて曰《い》はく、予《われ》否《ひ》なる所《ところ》あらば、天之《てんこれ》を厭《た》たん。天之《てんこれ》を厭《た》たん。

【現代語訳】先生が南子に面会された。子路はこの面会をよろこばなかった。（子路の様子に）先生が言われた。「私がまちがっていたならば、天は私を見すてるだろう。天は見はなしてしまうだろう。」

【語釈】

南子　宋公の女《むすめ》で、衛の霊公の夫人。美貌であるが多情で、政治にも介入し、そのため、衛の国を政治的混乱にまき込み、衛の君主の父子の争いが起こった。

予所否者、天厭之　諸説あるが、天に誓った誓いの言葉とする。「南子に会ったことがまちがいであれば、天は私を見すてるであろう」の解釈とする。

【解説】『論語』の中で、唯一の女性スキャンダルの章である。古来、この章について聖人孔子にとって、ありうべきことではないとこの章を抹殺・削除しようとするものもあった。けれども、『左伝』などによると、春秋時代の列国の貴族社会では、多くの恋愛事件やスキャンダルの記事が掲載されている。衛の南子の事件は、孔子五十六歳のとき、魯の国を去って衛国に亡命した。そのとき、衛の霊公夫人南子が謁見の通告をしてきた。この意向を無視できず、孔子は参内せざるを得なくて南子と会った。師の孔子が南子に会ったという噂を耳にした子路は、多情と評判のよくない女性に会ったことさえ許せないことであった。子路の正義感の強さが見られる章である。孔子にとっては、魯の国で政治的手腕を発揮していたが、予期もしない妨害によって国外への亡命の旅に出た挫折感や政治的復権に対する執着など、さまざまな思惑が交錯していた時期であったと考えられる。

この章について、貝塚茂樹は、次のようなコメントを述べている。「孔子のこのような疑惑にみちた行動を、弟子との会話をそのままとったのは、ちょっと不思議な感じがする。『論語』の編者は、かたく孔子の無実であることを信じたのであろうが、あえて聖人の過《あやま》ちをのせたところに、原始儒教教団の寛容さがあるといえよう。」

貝塚茂樹が「原始儒教」と言っているのは、国教化以前の儒学のことを指している。漢の武帝により儒教が国教となり、それ以降、儒教が国家体制の中心に据え置かれ、清王朝滅亡まで、中国の政治思想の中核となったことを国家儒教という。それ以前の儒学（儒教）を原始儒教といっている。

十七

在レ陳絶レ糧。従者病、莫二能興一。子路慍見曰、君子亦有レ窮乎。子曰、君子固窮。小人窮斯濫矣。

（衛霊公一）

陳《ちん》に在《あ》りて糧《りやう》を絶《た》つ。従者《じゆうしや》病《や》みて、能《よ》く興《た》つ莫《な》し。子路《しろ》慍《いか》り見《まみ》えて曰《い》はく、君子《くんし》も亦窮《またきゆう》すること有《あ》るか。子曰《しい》はく、君子固《くんしもと》より窮《きゆう》す。小人窮《せうじんきゆう》すれば斯《ここ》に濫《らん》す。

【現代語訳】 孔子とその弟子たちが陳の国で、食料が途絶えて飢えて苦しんでいた。門人たちは病みおとろえ、立ちあげれなくなる者が出てきた。子路は（このありさまを黙っていられなくなり）孔子にお目通りをして言った。「君子でも困窮することはあるのですか。」先生は言われた。「君子はもちろん困窮する。しかし、つまらない人間は困窮すると、とり乱して始末に負えなくなるものだ。」

【語釈】

陳　春秋時代の小国の名。

絶糧　食料が絶たれ、飢えに苦しむ状態になったこと。

窮　困窮する。食糧の確保のめどがたたず、万策つきること。

小人　教養もなく、度量の狭い、つまらない人間。

濫　節操がなくなる。自暴自棄になること。

【解説】この事件には諸説があるが、『史記』の記述によれば、楚の国が孔子を招聘しようとした。小国の陳・蔡は孔子が楚に行けば強国となるので、孔子一行を包囲して困窮させた。楚の昭王が兵を出し孔子を迎えたので生命をまっとうすることができたとする。

切迫した危機状況の中で、師弟の思惑や判断・対処のしかたに大きな違いが見られる章である。餓死者の出てきそうな状況に悠々と過ごしているように感じた子路は、緊急事態に何か対策でも考えているのかと、師弟関係を忘れて、つめより詰問する。孔子は、このような事態こそ、状況打開の道が開けるまで、沈着冷静に根気強く、待つことの大切さを子路に伝えている。子路は最悪な状況に、冷静な思考力を失い、錯乱状態となり、孔子一行の安全を考慮に入れず、孔子の感情を逆なでしているのである。

十八　子路宿㆓於石門㆒。晨門曰、奚自。子路曰、自㆓孔氏㆒。曰、是知㆓其不可㆒、而為㆑之者与。

（憲問四一）

子路《しろ》石門《せきもん》に宿《やど》る。晨門《しんもん》曰《い》はく、奚《いづ》れ自《よ》りするか。子路《しろ》曰《い》はく、孔氏《こうし》自《よ》りす。曰《い》はく、是《こ》れ其《そ》の不《ふ》可《か》なるを知《し》りて、之《これ》を為《な》す者《もの》か。

【現代語訳】 子路が石門で泊まった。門番が言った。「どちらからおいでですか。」子路が言った。「孔氏の家からきました。」門番が言った。「どうにもならないとわかっていながら、自分にできる限りのことをしようとする人ですか。」

【語釈】

石門　魯の城外の門。近郊から遠郊に移動する境の門。

晨門　門番。朝は門を開き、夕方に門を閉める。この門番はおそらく隠士であろう。

【解説】 石門の門番の言葉を朱子の注では「孔子を譏《そし》った」とする。ところが徂徠は、「孔子の理想主義の同情者だ。」と評価している。賛否の意見に分かれるのであるが、「不可なるを知りて之を為す者か」という言葉は、政治について見識のある人物で、世を捨てた隠士の述べた言葉である。憲問篇のこの章の後に、孔子が衛国で磬《けい》（堅い石を吊り下げてたたく石の打楽器）を鳴らしていた。そこを蕢《き》（もっこ）をかついで、門前を通りかかり、孔子の磬の打ち方について「つまらないね。こちこちになっている。」と批判的な言葉を投げつけて去っていった者がいた。孔子の側にいて、今まで師に対する評価や会話とは異なった言葉を耳にする。子路にとって師を非難する人物は、許せないと義憤にかられ、争いでもしかねない態度をとっていた。しかしながら、苦難の旅をともにして、さまざまな経験をしてきた子路にとって、孔子の理想とする社会の実現は短期日で達成できるものでないことを思い知らされたであろうことは容易に想像することができる。

十九

長沮・桀溺耦而耕。孔子過レ之、使二子路問一レ津焉。長沮曰、夫執レ輿者為レ誰。子路曰、為二孔丘一。曰、是魯孔丘与。曰、是也。曰、是知レ津矣。問二於桀溺一。

桀溺曰、子為レ誰。曰、為二仲由一。曰、是魯孔丘之徒与。対曰、然。曰、滔滔者、天下皆是也。而誰以易レ之。且而与三其従二辟レ人之士一也、豈若レ従二辟レ世之士一哉。耰而不レ輟。子路行以告。夫子憮然曰、鳥獣不レ可二与同一レ群。吾非二斯人之徒与一、而誰与。天下有レ道、丘不二与易一也。

（微子六）

長沮《ちやうそ》・桀溺耦《けつできぐう》して耕《たがや》す。孔子之《こうしこれ》を過《す》ぎ、子路《しろ》をして津《しん》を問《と》はしむ。長沮曰《ちやうそい》はく、夫《か》の輿《よ》を執《と》る者《もの》を誰《たれ》とか為《な》す。子路曰《しろい》はく、孔丘《こうきう》と為《な》す。曰《い》はく、是《こ》れ魯《ろ》の孔丘《こうきう》か。曰《い》はく、是《こ》れなり。曰《い》はく、是《こ》れならば津《しん》を知《し》らん。桀溺《けつでき》に問《と》ふ。桀溺曰《けつできい》はく、子《し》を誰《たれ》とか為《な》す。曰《い》はく、仲由《ちゆういう》と為《な》す。曰《い》はく、是《こ》れ魯《ろ》の孔丘《こうきう》の徒《と》か。対《こた》へて曰《い》はく、然《しか》り。曰《い》はく、滔滔《たうたう》たる者《もの》、天下皆《てんかみな》是《こ》れなり。而《しか》るを誰《たれ》と以《とも》にか之《これ》を易《か》へん。且《か》つ而其《なんぢそ》の人《ひと》を辟《さ》くるの士《し》に従《したが》はんよりは、豈《あ》に世《よ》を辟《さ》くるの士《し》に従《したが》ふに若《し》かんや。耰《いう》して輟《や》めず。子路《しろ》行《ゆ》きて以《もつ》て告《つ》ぐ。夫子憮然《ふうしぶせん》として曰《い》はく、鳥獣《てうじう》は与《とも》に群《む》れを同《おな》じくすべからず。吾斯《われこ》の人《ひと》の徒《と》と与《とも》にするに非《あら》ずして、誰《たれ》と与《とも》にせん。天下道有《てんかみちあ》らば、丘与《きうとも》に易《か》へざるなり。

【現代語訳】 長沮・桀溺が、二人並んで耕していた。孔子がその側を（馬車に乗って）通りかかり、子路に渡し場を尋ねに行かせた。長沮が言った。「あの馬車の手綱をもっている人は誰ですか。」子路は言った。「孔丘です。」（長沮は）言った。「それでは魯の孔丘か。」（子路が）「そうです。」と答えた。（長沮が）言った。「それならば渡し場など（聞かなくても）知っているだろう。」（長沮の冷淡さに、しかたなく）桀溺に尋ねた。桀溺は言った。「おまえは誰なのだ。」（子路は）答えた。「仲由と申します。」（桀溺は）言った。「それでは魯の孔丘の一門の者か。」(子路は)「そうです。」と答えた。(桀溺は)言った。「水が洪水のように、流れている。今の世の中は、どこもかしこも乱れている。それなのに、この乱れた世をだれと一緒に変えようというのか。(本気で世を変えようとする人間とともにするのであれば話はわかるが)おまえは(気に入った人なら仕え、気に入らなければ去るような)人を選んで仕えるような者についていくより、世の中を避けて(人に迷惑をかけず)暮らしている私たちとともにする方が、ましではないか。」(そして子路のことを無視して)まいた種に土をかける作業を始めていった。子路は馬車で待つ、孔子に告げた。先生はがっかりした様子で言われた。「鳥や獣とは、一緒に生活していくことはできない。私はこの人間の仲間と一緒にやっていくのでなければ、だれと一緒にやっていこうか。世の中に道が行われているなら、世の中を変えていこうなどとは私はしないのだ。」

【語釈】

長沮・桀溺　ともに隠者の名。

耦　二人が組になって耕作する方法。農作業によって生活する農夫のようにしているが、知識人で、事情によって隠者の生活をしている人。

津　黄河の渡し場。

夫執輿者　子路が御者をしていたが、子路が馬車を降りたので、代わりに孔子が馬車の手綱を持っていた。

是知津矣　それならば渡し場を知っているだろう。孔子が天下の諸国をめぐり、世の中のことすべてに通じているようにふるまっていることの皮肉の言葉。

滔滔者　洪水によって濁流が激しく流れていく様子。天下が乱れていることのたとえ。

誰以易之　だれとともに変えようというのか。「以」はここでは「ともに、一緒に」の意。

与其従群人之士也　人を選んで仕えようとする者。孔子が諸国をめぐり、さまざまな国の君主などに助言していることを皮肉っている。

豈若従避世之士哉　世の中を避けて隠れて生活する人(長沮・桀溺)に従う方がよくはないか。

耰而不輟　まいた種に土をかける作業を続けていた。
夫子　先生。ここでは孔子。
憮然　がっかりした様子。
鳥獣不可与同群　鳥や獣とは一緒に生活することはできない。
吾非斯人之徒与　私はこの人間たちと一緒に生活するのではなくて。
不与易也　(「斯人之徒」と)一緒に乱世を変えるのでなければ、変えていこうとしない。

【解説】孔子の生涯かけて取り組む姿勢が、この章に凝縮して述べられている。孔子は天下に道があれば、変革する必要はない。道がないがために天下を遍歴放浪してまで、道ある社会の方策を求めて旅したのである。魯の国にいるとき、孔子は挫折をし、失敗した痛切な経験をする。また諸国をめぐる旅において、隠者から批判的な言葉を投げられ、孔子は生涯かけて実現をめざした理想の思いを語る。つまり人間は社会的な生活をしなければ、存在そのものが保障されない。隠者の言うように、鳥や獣のように自助努力で生きることには限界があり、社会体制を整え、住みやすい社会を実現しなければ、人間の存立はありえない。子路にとっても、この隠者との会話によって、孔子の生涯にわたる道への思いを理解したと考えることができる。

V 宰我（宰予）

姓は宰《さい》。名は予《よ》。字は子我《しが》。孔子より二十九歳若い。孔門の十哲（言語）。弁説に優れ、孔子の意見に反論する理論家であった。昼寝をするなどして孔子を嘆かせているが、現実主義的な思考傾向をもっていた。

一　宰我問曰、仁者雖告之曰井有仁焉、其従之也。子曰、何為其然也。君子可逝也、不可陥也。可欺也、不可罔也。（雍也二四）

宰我《さいが》問《と》ひて曰《い》はく、仁者《じんしゃ》は之《これ》に告《つ》げて井《せい》に仁《じん》有《あ》りと曰《い》ふと雖《いへど》も、其《そ》れ之《これ》に従《したが》はんか。子曰《しい》はく、何為《なんす》れぞ其《そ》れ然《しか》らんや。君子《くんし》は逝《ゆ》かしむべきなり、陥《おとしい》るべからざるなり。欺《あざむ》くべきなり、罔《し》ふべからざるなり。

【現代語訳】 宰我が尋ねて言った。「仁者は井戸のなかに仁があると告げれば、すぐ飛びこむでしょうか。」先生が言われた。「どうしてそのようなことをするだろう。君子はそばまで行かせることはできるが、井戸のなかに飛びこませることはできない。だますことはできるが、見さかいなく行動させることはできない。」

【語釈】

有仁　仁がある。「仁徳ある人がいる」「井戸のなかに人がいる」と解釈する説もある。ここの「有仁」を直訳すると、「仁の心をもつ人が当然なすべき行動が井戸のなかにある」という意味になる。そのために「井戸に人がいる」とか「人が落ちている」という解釈がなされるのである。

罔　くらます。見えなくする。理性や良識の判断が入らないような状態にすること。

【解説】宰我の問いは、仁者が人を愛するものだと主張する孔子の考え方について、「井戸に人が落ちている」という緊急事態の対応を例に孔子の真意を尋ねているのである。つまり、宰我は、仁のために自己の命を犠牲にして行うべきものかと尋ねている。この問いは、後に『孟子』の公孫丑篇上で、孺子（幼い子ども）が井戸に落ちかかっている様子を見れば「怵惕《じってき》・惻隠《そくいん》（はっと驚きあわれみ痛む）の心」を起こし、わが身をかえりみず救いの手をさしのべるだろうと述べ、人には善なる心をもっている例とする、性善説を展開する。合理主義的な思考傾向をもつ宰我は、孔子が説く「仁」について、命がけで取りくむべき最高の善ではあるが、命がけという極限状態で、どのような態度をとるのかと孔子に尋ねている。孔子は、死の危険に迫られる状況にあっても客観的で冷静な判断をするのが君子であり、無鉄砲な勇気をふるうような命を粗末にすることはしないと述べ、宰我に孔子の「仁」の本質について説明している。

　一方、宰我にとっては、愛する人のためには、生命の危険を顧みず、行動すべきであると考える墨家の兼愛（無差別平等愛）の影響があるともいえよう。墨家集団は「兼愛」と「非攻（平和主義）」をスローガンに戦国時代に社会的影響力が大きかった思想家集団であった。宰我は初期の墨家的な思想を取り入れつつ、合理的な思考傾向をもち、孔子の復古主義的な思想に対して、厳しい批判の意見を展開する。つまり、孔子と宰我とは、思想的な隔たりがあり、『論語』では、孔門の十哲の「言語」の能力を評価しつつ、孔子も宰我に対して批判をしているのである。

二　宰我問。三年之喪、期已久矣。君子三年不レ為レ礼、礼必壊。三年不レ為レ楽、楽必崩。旧穀既没、新穀既升。鑽レ燧改レ火。期可已矣。子曰、食二夫稲一、衣二夫錦一、於レ女安乎。曰、安。曰、女安則為レ之。夫君子之居レ喪、食レ旨不レ甘。聞レ楽不レ楽。居処不レ安。故不レ為也。今女安則為レ之。宰我出。子曰、予之不仁也、子生三年、然後免二於父母之懐一。夫三年之喪、天下之通喪也。予也有三三二年之愛於其父母一乎。

（陽貨二一）

宰我《さいが》問《と》ふ。三年《さんねん》の喪《も》は、期《き》已《すで》に久《ひさ》し。君子三年礼《くんしさんねんれい》を為《な》さざれば、礼必《れいかなら》ず壊《やぶ》れん。三年楽《がく》を為《な》さざれば、楽必《がくかなら》ず崩《くづ》れん。旧穀既《きうこくすで》に没《つ》きて、新穀既《しんこくすで》に升《みの》る。燧《すゐ》を鑽《き》りて火《ひ》を改《あらた》む。期《き》にして可《か》なるのみ。子曰《しい》はく、夫《か》の稲《いね》を食《くら》ひ、夫《か》の錦《にしき》を衣《き》る、女《なんぢ》に於《お》いて安《やす》きか。曰《い》はく、安《やす》し。曰《い》はく、女安《なんぢやす》ければ則《すなは》ち之《これ》を為《な》せ。夫《そ》れ君子《くんし》の喪《も》に居《を》るや、旨《うま》きを食《くら》ふも甘《あま》からず。楽《がく》を聞《き》くも楽《たの》しからず。居処安《きよしよやす》からず。故《ゆゑ》に為《な》さざるなり。今女安《いまなんぢやす》ければ則《すなわ》ち之《これ》を為《な》せ。宰我出《さいがい》づ。子曰《しい》はく、予《よ》の不仁《ふじん》なるや、子《こ》生《う》まれて三年《さんねん》、然《しか》る後《のち》に父母《ふぼ》の懐《ふところ》より免《まぬか》る。夫《か》の三年《さんねん》の喪《も》は、天下《てんか》の通喪《つうさう》なり。予《よ》や其《そ》の父母《ふぼ》に三年の愛有《あいあ》らんか。

【現代語訳】 宰我がお尋ねした。「三年の喪は、一年でも充分長い期間ですね。君子が三年の間、礼を修めなければ、身につけた礼も乱れます。三年の間、音楽を演奏しないでいると、身につけた音楽はだめになってしまいます。一年たてば旧年にとれた穀物がなくなり、新しい年の穀物が稔《みの》ります。年のはじめに木をこすり合わせて新しい火をとります。（このように一年ですべてがめぐるので）喪は一年で充分ですね。」先生が言われた。「（親が死んで三年もたたないのに）米の飯を食べ、晴れやかな錦の着物を着て、おまえは平気なのか。」宰我が言った。「平気です。」先生が言われた。「おまえが平気であれば、そうしなさい。そもそも君子といわれる人は喪に服している間は、おいしいご馳走を食べてもおいしさを感じないし、音楽を聞いても楽しくないものだ。家にいてもくつろいで過ごせないものなのだ。だからそうしないのだ。だが、おまえが平気であるのなら、おまえのやりたいようにするがよい。」宰我が退出すると、先生が言われた。「宰我は人でなしだ。子どもは生まれて三年たって、やっと父母の懐を離れることができる。（生まれてから三年間一人歩きのできるまでの期間、父母にお世話になって過ごしている。）だからこそ、三年の喪は、天下のどこでもだれもが行う服喪なのだ。宰我にしても、父母から三年の愛を受けたであろうに。」

【語釈】

三年之喪　子が父母の死にあい、三年間喪に服する礼。服喪中は喪服を着て、主に自宅に引きこもり公事には参加せず、粗食をして衣食住すべてにおいて粗略な生活をする。三年は二十五カ月説と二十七カ月説がある。

期　満一年間。また「期」は祖父母・兄弟・妻など近親者の服喪期間である。

旧穀新穀　去年の穀物を食べつくし、今年の新しい穀物が実りの時を迎えること。

鑽燧改火　「燧」はすり合わせて発火させる木。「鑽」は穴をあけること。古代のしきたりで新年を迎えると炊事などに使う火も新しく発火されるという風習。

【解説】「三年の喪」という親への「孝」は、家庭道徳の最高の徳であり、「修身・斉家・治国・平天下」という社会秩序の安定の根本思想だと東洋社会では伝承されてきていた。「孝」を強要するために虐待に近いことが「二十四孝」のなかには見られる。宰我の言行不一致で実用主義的な発言に孔子は感情的になっている。

　これは孔子の復古的な道徳至上主義な考え方と実用的合理主義の宰我の考え方が激突しているためである。

コラム　宰我

　宰我は弁説が巧みで、実用的な合理主義者であった。魯の哀公が社（地域の守り神）の設置について質問した。宰我は周王朝では「社に栗を植え、民衆を戦慄させるためだ」と栗と慄とが同音であり、民衆をふるえあがらせるために社を設けたと説明し、孔子は宰我のこじつけの説明に、あきれて慨《がい》嘆《たん》している（八佾篇）。また「宰予昼寝《ひるい》ねたり」と昼寝をして、驚き注意する言葉さえ失っている（公冶長篇）。「井戸の中」の仁者に関していえば、孔子の活躍する時代から墨家集団が「兼愛」を主張し、すべて無差別平等の愛を提唱する。井戸に落ちて生命の危険に陥る人の存在があった場合、墨家は緊急救助のための手段や方法を講ずると主張するだろう。宰我は実用的合理主義の価値観から、「三年の喪」は長すぎるとする。家族主義を根底に社会秩序の安定を求める孔子の思想に対する、アンチテーゼを投げかけていると考えられる。

Ⅵ 子貢（端木賜）

姓は端木《たんぼく》。名は賜《し》。字は子貢《しこう》。孔子より三十一歳若い。孔門の十哲（言語）。巧みな弁説と才知のひらめきのある、聡明で才能豊かな人物である。外交手腕に優れた能力を発揮した。また、孔子の諸国をめぐる旅の費用を調達したといわれるほどの商才にめぐまれていた。

1 子貢の人物像

一 子貢問㆓君子㆒。子曰、先行㆓其言㆒、而後従㆑之。（為政一三）

子貢《しこう》 君子《くんし》を問《と》ふ。子《し》曰《い》はく、先《ま》づ其《そ》の言《げん》を行《おこな》ひ、而《しか》して後《のち》に之《これ》に従《したが》ふ。

【現代語訳】 子貢が君子について尋ねた。先生が言われた。「（君子は）言おうとすることを実行してから、そのあとで言おうとすることを主張する人のことを言うのだよ。」

【解説】 弁舌巧みで口が達者な子貢は、言っていることと行動が伴わないことが、しばしばあった。入門したての若い頃の子貢には、そのような欠点が見られた。ある日、子貢が「君子」というめざすべき人物像について尋ねた。子貢が自覚して自己修養につとめれば、「君子」になれる人物だと孔子は見透していた。ただ、子貢の課題は、「実行してから主張する」ことにあった。優れた能力をもつ子貢は、孔子の自分に対して求めた課題を理解して、自己変革に努力していく。孔子に指摘された反省点や改善すべき自己の欠点を改める人格陶冶につとめた。その成果は、孔子の晩年から没後において、門弟のなかで子貢の存在感の大きさで証明される。孔子の死を悲しむ弟子たちは、師の側を離れることができず、父母のために行う三年の喪を、すべての門弟子が孔子の墓の近くに庵を作り、師のための死後の孝養につとめた。三年の喪が明けて、墓前を去る門弟子たちは、見送る子貢の手をとり、泣きながら墓前を去っていった。三年の喪の期間中の子貢の存在がすべての門弟子にいきわたり、別れゆく場面での子貢に対する門弟子の信頼感・尊敬の思いが見られる光景である。

　子貢は、このあとさらに墓前で三年の喪を行うのである。

二　子貢曰、我不レ欲三人之加二諸我一也、吾亦欲レ無レ加二諸人一。子曰、賜也非二爾所レ及也。

（公冶長一一）

子《し》貢《こう》曰《い》はく、我《われ》人《ひと》の諸《これ》を我《われ》に加《くは》ふるを欲《ほつ》せざるや、吾《われ》も亦《また》諸《これ》を人《ひと》に加《くは》ふること無《な》からんと欲《ほつ》す。
子《し》曰《い》はく、賜《し》や爾《なんぢ》の及《およ》ぶ所《ところ》に非《あら》ざるなり。

【現代語訳】子貢が言った。「私は人が私にしてほしくないと思っていることは、私もまた人にしないようにしたいと思います。」先生が言われた。「子貢よ、今のおまえにはできそうもないことだよ。」

【解説】子貢は頭脳明晰で、孔子のめざす道や意図について理解できる能力をもっていた。一歳年上の顔回が不言実行し努力する態度を孔子は常に評価し称賛していた。子貢は、孔子のめざす道が「仁」であり、その「仁」の具体的な実践として「己の欲せざる所は人に施すこと勿れ」（顔淵篇・衛霊公篇）であることを感覚的には理解できていた。けれども子貢自身、この境地に到達できるほどの実行力が伴っていなかった。弁説巧みな子貢は「己の欲せざる所は人に施すこと勿れ」と直接的に言わないで、自らの言葉や体験した言葉として、孔子に尋ねている。ところが子貢の思惑や意図を見抜いた孔子は、子貢の本音をつかんでいて「賜や爾の及ぶ所に非ざるなり」と手厳しく、未熟で到達しえない状態にあると見抜き、いっそうの人格の修養を子貢に求めているのである。孔子が五十代、子貢が二十代の頃の師弟の会話である。

三　子貢問レ友。子曰、忠告而善二道之一、不可則止。無二自辱一焉。（顔淵二三）

子貢《しこう》友《とも》を問《と》ふ。子《し》曰《い》はく、忠告《ちゅうこく》して之《これ》を善道《ぜんどう》し、不可《ふか》ならば則《すなは》ち止《や》む。自《みづか》ら辱《はづか》しめらるること無《な》かれ。

【現代語訳】子貢が友とのあり方について尋ねた。先生が言われた。「（助言を求められたら）まごころをもって話し、最善の道を示してあげる。けれども、聞き入れられなければ、そこで止める。（それ以上）出しゃばって自分が辱められるようなことをしてはならない。」

【解説】大勢の人と交流し親しくつき合う子貢にとって、真の友とそうではない人の見極め方について、師に助言を求めている。「友」の真価は最悪の状況に見極めることができる。そのようなときにこそ信頼することができるのが真の友で、子貢の問いは孔子没後を含む「友」とのあり方を考えた問いかけのように感じられる。

四 子貢問。師与レ商也孰賢。子曰、師也過。商也不レ及。曰、然則師愈与。子曰、過猶レ不レ及。

（先進一五）

子貢《しこう》問《と》ふ。師《し》と商《しやう》と孰《いづ》れか賢《まさ》れる。子曰《しい》はく、師《し》や過《す》ぎたり。商《しやう》や及《およ》ばず。曰《い》はく、然《しか》らば則《すなは》ち師《し》や愈《まさ》れるか。子曰《しい》はく、過《す》ぎたるは猶《な》ほ及《およ》ばざるがごとし。

【現代語訳】 子貢が尋ねた。「子張と子夏とどちらが優れていますか。」先生が言われた。「子張はやりすぎる。子夏はひかえめすぎる。」子貢が言った。「それなら子張が優れているのですか。」先生が言われた。「やりすぎは足らないのと同じで（どちらも適切さを欠いて）よくないのだ。」

【語釈】

師　顓孫師《せんそんし》。字は子張《しちやう》。孔子より四十八歳若い。

商　卜商《ぼくしやう》。字は子夏《しか》。孔子より四十四歳若い。

【解説】 この章では、孔子は簡潔な言葉で師（子張）が積極的に活動し、商（子夏）が消極的であると、二人の弟子の性格の違いを述べている。そして、孔子は「中庸の徳たるや夫れ至れるかな」（雍也篇）と調和のとれた「中庸」の徳を身につけた人間を目標とするように子貢に伝えている。

ところで、子貢の「子張と子夏のどちらが優れているのか」という質問には、別の意図があったと思われる。子貢は次の五の解説で述べるような思惑や独特な個性をもっていた。五の解説で説明する。

五　子貢方レ人。子曰、賜也賢乎哉。夫我則不レ暇。

（憲問三一）

子《し》貢《こう》人《ひと》を方《たくら》ぶ。子《し》曰《い》はく、賜《し》や賢《けん》なる哉《かな》。夫《そ》れ我《われ》は則《すなは》ち暇《いとま》あらず。

【現代語訳】子貢はよく人のことを批評した。先生が言われた。「子貢よ、おまえはえらいよ、私はそんな（人を批評しているような）暇などないのに」

【語釈】

方　比較する・批評する。

【解説】子貢は孔子の門弟子について、その人柄や人物像に関心をもち、観察していた。子貢の人物批評には、彼独自の将来への思惑があったからである。孔子の晩年に子貢は孔子学園の維持・結束など、将来に対するあり方を模索していた。とくに没後に弟子たちの果たす役割や師の教えの継承について真剣に考えていた。すべての門弟子の「三年の喪」の発案に、子貢は積極的に関わり、服喪中の三年間の門弟子の財政支援などについて、子貢が貢献しているはずである。そして、最も重要なことは、子貢が、最初の三年の喪で、師である孔子の言葉や行動・想い出をだれに、どのようなことを聞けばよいのか、門弟子の人柄や人間性を含めた人物像を把握しておくことであった。

孔子の教えを後世へ伝えていくための人の情報を子貢は丹念に収集していたのである。

2 師弟のふれあい

六　子貢欲レ去二告朔之餼羊一。子曰、賜也爾愛二其羊一、我愛二其礼一。（八佾一七）

子貢《しこう》告朔《こくさく》の餼羊《きやう》を去《さ》らんと欲《ほっ》す。子曰《しい》はく、賜《し》や爾《なんぢ》は其《そ》の羊《ひつじ》を愛《を》しむも、我《われ》は其《そ》の礼《れい》を愛《を》しむ。

【現代語訳】子貢が生きた羊を犠牲にした魯の宗廟に捧げる儀式を廃止しようとした。先生が言われた。「子貢よ、おまえは犠牲にする羊がもったいないと思っているだろうが、私は伝統として続いてきた古礼が失われることがもったいないと思っているのだ。」

【語釈】

告朔之餼羊　「告朔」は毎月のはじめ、朔日《さくじつ》（ついたち）を報告する儀式。「餼羊」は犠牲に用いる羊。

【補説】この当時は二十八日余日で一周する太陰暦を用いていた。太陰暦を用いると、太陽暦との誤差が生ずるので、魯国では毎月のはじめに、その誤差を修正するために羊をいけにえにして、宗廟に朔日を報告する儀式があった。

【解説】この儀式の廃止については諸説あるが、貝塚茂樹の「子貢は財政を節約するために毎月の例祭を廃止する」という説が、適切だと考えられる。子貢は経済的な才能に恵まれ、投機などによって諸国遍歴中の孔子の財政的な不足を補ったといわれている。

孔子と子貢との価値観の違いが、はっきりと示された章である。周の文化の伝統を保持し、周の文化の復活をめざす孔子にとって、一つ一つの儀式は欠くことのできない儀式である。とくに暦は農業にとって重要な意味をもっている。一方、子貢は魯の国家財政の上で犠牲の羊がもったいないと廃止しようとする。ただ、子貢の主張は、孔子の在世より百年前、魯の文公（在位前六二六～六〇九）は告朔の儀式に親臨せず、役人が形式的に儀式を継承していたという形骸化した儀式であったために、子貢は廃止を提案したのである。周の制度・文化の継承・存続に情熱を注ぐ孔子にとって、儀式の継承や国家の祭礼などを遵守することによって、周王朝創設期の社会秩序の復活につながると考えていた。子貢は社会の変化に対応しつつ、国家体制を維持する方策を見出そうと考えていた。この孔子と子貢との対話は孔子が五十代半ばに魯の定公に評価され、魯の政治に関与し始めた頃の対話だと考えられる。

この頃の子貢は、時代の変化に対応することが、社会体制の在立に重要だと考えていた。しかし、孔子のもとで学び、教えを受けることにより、伝統文化や社会体制にとって、変革しなければならないことと、変革してはならないことを学び、理解していき、しだいに孔子の思想に感化され共鳴していくのである。

七　冉有曰、夫子為二衛君一乎。子貢曰、諾、吾将レ問レ之。入曰、伯夷・叔斉何人也。曰、古之賢人也。曰、怨乎。曰、求レ仁而得レ仁。又何怨。出曰、夫子不レ為也。

（述而一四）

冉有《ぜんいう》曰《い》はく、夫子《ふうし》は衛君《ゑいくん》を為《たす》けんか。子貢《しこう》曰《い》はく、諾《だく》、吾将《われまさ》に之《これ》を問《と》はんとす。入《い》りて曰《い》はく、伯夷《はくい》・叔斉《しゆくせい》は何人《なにびと》ぞや。曰《い》はく、古《いにしへ》の賢人《けんじん》なり。曰《い》はく、怨《うら》みたるか。曰《い》はく、仁《じん》を求《もと》めて仁《じん》を得《え》たり。又何《またなん》ぞ怨《うら》みん。出《い》でて曰《い》はく、夫子《ふうし》は為《たす》けざるなり。

【現代語訳】（衛の内乱に対して先生の思惑がわからなかった。）冉有が言った。「先生は衛君（出公輒）を助けられるのでしょうか。」子貢が言った。「よし、私がお尋ねしてみよう。」先生のお部屋に入り、（子貢が）尋ねて言った。「伯夷・叔斉とはどのような人物ですか。」先生が言われた。「昔の賢人だよ。」（子貢はさらに尋ねて）言った。「（互いに君主の地位を譲りあったことを）後悔していたでしょうか。」先生が言われた。「人間らしく生きることを求めて、人間らしく生涯をまっとうすることができたので、後悔などはしていないだろう。」（子貢は部屋から出てきて）言った。「先生は衛君を助けられないでしょう。」

【語釈】

衛君　衛の出公輒《しゅっこうちょう》。衛の霊公の孫であるが、父の蒯聵《かいかい》が霊公夫人の南子と対立し、国外に亡命したために、蒯聵の子の出公輒が位についた。亡命した蒯聵は、晋の国の後押しで衛君の位をねらい、父子の争いがあった。

伯夷・叔斉　孤竹の国の王子。伯夷は長子。叔斉は末子。互いに国を継ぐことを譲りあい、西伯昌（周の文王）を訪れるが、死去したばかりであった。子の武王が殷を伐とうと戦いに出向くのをやめさせようとしたが、武王は殷を滅ぼし、周王朝を建国した。不義によって建国した周の食物を食べないと決意した二人は、首陽山に登り、自生する野草を食べ、ついに餓死してしまった。

【解説】　子貢は衛の父子で位を争う君主争いに対して、衛の国を訪れた孔子がどのような立場に立つかに関心をもっていた。冉有がその不安を口にしたとき、子貢が先生の真意をさぐる役目を買って出たのである。

衛の国では霊公に勘当されて出奔した蒯聵。霊公の後に即位した蒯聵の子の出公輒。衛の君主の位を父子で争っている。子貢は、かつて孤竹の国の君主の位を譲りあった伯夷・叔斉を例に出し、孔子の真意を尋ねている。子貢は孤竹の国を伯夷・叔斉のいずれかが君主となるべきだと孔子が答えたら、衛の父子争いに孔子は関わると考えていた。ところが、「伯夷・叔斉は賢人で、位を譲りあい餓死したが、人間らしく生きて満足している」と孔子は答えている。蒯聵と出公輒のように、父子で位を争うような愚かな者には、相談にのる気のない意思を表わしていると子貢は判断しているのである。

八　子貢問レ為レ仁。子曰、工欲レ善二其事一、必先利二其器一。居二是邦一也、事二其大夫之賢者一、友二其士之仁者一。

（衛霊公九）

子貢《しこう》仁《じん》を為《な》すを問《と》ふ。子曰《しい》はく、工《こう》は其《そ》の事《こと》を善《よ》くせんと欲《ほっ》すれば、必《かなら》ず先《ま》づ其《そ》の器《き》を利《と》くす。是《こ》の邦《くに》に居《を》るや、其《そ》の大夫《たいふ》の賢《けん》なる者《もの》に事《つか》へ、其《そ》の士《し》の仁《じん》なる者《もの》を友《とも》とす。

【現代語訳】子貢が仁の実践方法について尋ねた。先生が言われた。「職人がよい仕事をしようとするときには、まず（自分の使う）道具を研ぎすますものだ。国家のなかで、大夫（国政を担当する人）で賢明な人につき従い、士（実務を担当する人）で人間らしさをもつ人を友とすべきである。」

【解説】自己の目標に向かっていくためには、自らの情熱を持続する志をもち、国家においては政治的実践力のある賢者に見習い、実務を担当する実行力のある人からは人間らしさを学びとることを、子貢に伝えているのである。

九　子貢曰、有三美二玉於斯一。韞レ匵而蔵レ諸。求二善賈一而沽レ諸。子曰、沽レ之哉。沽レ之哉。我待レ賈者也。

（子罕一二）

子貢曰《しこうい》はく、斯《ここ》に美玉《びぎょく》有《あ》り。匵《とく》に韞《をさ》めて諸《これ》を蔵《ざう》せんか。善賈《ぜんこ》を求《もと》めて諸《これ》を沽《う》らんか。子曰《しい》はく、之《これ》を沽《う》らん哉《かな》。之《これ》を沽《う》らん哉《かな》。我《われ》は賈《こ》を待《ま》つ者《もの》なり。

【現代語訳】 子貢が言った。「ここに立派な宝石があるとします。（先生は）箱に入れて大切にしまっておかれますか。よい買い手を見つけて売られますか。」先生が言われた。「売ろうよ、もちろん売るだろう。私は買い手を待っているのだよ。」

【語釈】

韞匵　「韞」は「蔵」。「匵」は「はこ・ひつ」の類。箱に入れてしまっておくこと。

善賈　「賈」は商賈の賈として、商人の意。ここでは、美玉を買いとる商人。

沽之哉　「これを売らんかな」と感嘆の表現。古注は反語として、売るつもりがないが、買い手がくるのを待っている意ととる。

【解説】 この章は、孔子が定公に出仕する前の四十代から、五十代前半とする古注と、魯国を辞職した晩年の孔子にもう一度仕官する気持ちがあるかを子貢が尋ねたとする新注によって、解釈に若干の違いは出てくるが、子貢の問いかけの絶妙な比喩により、孔子が本心を吐露している様子をかい間見ることができる。

　孔子は五十代半ば、魯の国の宰相代理をつとめた。政治手腕を発揮した経験は、孔子にとっても貴重な経験であり、機会があれば再挑戦したいという意欲をもつのは当然なことである。子貢は、孔子の心理状態や精神的な状況を判断し、問いかけをして、孔子の真意や本心を聞き出している。他の弟子には真似のできない卓越した能力をもっている。

十

子貢問曰、郷人皆好㆑之何如。子曰、未㆑可也。郷人皆悪㆑之何如。子曰、未㆑可也。不㆑如㆓郷人之善者好㆑之、其不㆑善者悪㆑之。

（子路二四）

子貢《しこう》問《と》ひて曰《い》はく、郷人皆之《きやうじんみなこれ》を好《この》まば何如《いかん》。子曰《しい》はく、未《いま》だ可《か》ならざるなり。郷人皆之《きやうじんみなこれ》を悪《にく》まば何如《いかん》。子曰《しい》はく、未《いま》だ可《か》ならざるなり。郷人《きやうじん》の善《よ》き者之《ものこれ》を好《この》み、その善《よ》からざる者之《ものこれ》を悪《にく》むに如《し》かざるなり。

【現代語訳】 子貢が尋ねた。「郷里の人すべてが好きだという人物について（先生は）どう思われますか。」先生が言われた。「まだ充分ではないな。」（子貢がさらに尋ねた。）「郷里の人がすべてきらう人物について、どう思われますか。」先生が言われた。「まだ充分ではないな。郷里の人のなかで、善人に好かれ、悪人にきらわれる人物には及ばないよ。」

【解説】 地域共同体における人物評価について子貢が尋ねている。地域のなかには長老といわれ郷里の人たちから人望もあり、信頼され評判のよい人がいる。しかし孔子は郷里の人に好かれる人は「郷原は徳の賊なり（いなか紳士の人格者気どりは道徳の邪魔になる）」（陽貨篇）とあるように八方美人で、気に入られようとするあまり、地域の美風や慣習を損なうことがある。子貢は性格として、「八方美人」的にだれからも非難されず好かれようとする傾向があり、自分を否定し、批判する人に対して気をつかっている。孔子が述べる「善人」とは、「仁者・仁人」に近い人のことで、「悪人」は「不仁者」である。仁に基づく理想的な政治や施策は、利己的な民衆や不仁者に猛反対されることもある。だからこそ善人に好かれ、悪人にきらわれる人物こそ、公明正大な君子であることを子貢に伝えているのである。

十一　子貢曰、管仲非㆓仁者㆒与。桓公殺㆓公子糾㆒、不㆑能㆑死、又相㆑之。子曰、管仲

相二桓公一、覇二諸侯一、一二匡天下一。民到二于今一、受二其賜一。微二管仲一、吾其被髪左衽矣。豈若下匹夫匹婦之為レ諒也、自経二於溝瀆一、而莫中之知上也。（憲問一八）

子貢《しこう》曰《い》はく、管仲《くわんちゆう》は仁者《じんしや》に非《あら》ざるか。桓公《くわんこう》公子糾《こうしきう》を殺《ころ》す、死《し》する能《あた》はず、又之《またこれ》を相《たす》く。子《し》曰《い》はく、管仲は桓公を相け、諸侯に覇たらしめ、天下を一匡す。民今に至るまで其の賜を受く。管仲《くわんちゆう》微《な》かりせば、吾其《われそ》れ被髪左衽《ひはつさじん》せん。豈《あ》に匹夫匹婦《ひつぷひつぷ》の諒《まこと》を為《な》すや、自《みづか》ら溝瀆《こうとく》に経《くび》れて、之《これ》を知《し》らるること莫《な》きが若《ごと》くならんや。

【現代語訳】 子貢が言った。「管仲は仁者とはいえないでしょう。桓公が公子糾を死においやったとき、管仲は殉死せず、（敵であった）桓公を助けました。」先生が言われた。「管仲は桓公を助け、諸侯の覇者として天下をとりまとめ乱れた秩序を正しくした。天下の人々は、今にいたるまで管仲の恩恵を受けている。もし管仲がいなければ、（異民族の風俗の）髪を結わず、衣服を左前（異民族の着かた）に着ていただろう。一般庶民の男女が小さな信義にこだわって、（命を粗末にして）首をくくって死に溝に捨てられ、だれにも知られないような死に方をするが、どうして管仲の行いを（つまらない庶民と）一緒にすることができるだろうか。」

【語釈】

管仲　春秋時代、斉の宰相。姓は管《かん》、名は夷吾《いご》。字は仲《ちゅう》。「管鮑の交わり」という故事の鮑《ほう》叔との友情で有名である。

桓公　春秋時代、最初の覇者となった斉の君主（在位前六八五～前六四三）。兄の公子糾との君主の座の争いに勝ち、斉の君主となった。敵であった管仲との仲を鮑叔がとりなし、桓公は管仲を宰相に迎え、管仲の適切な助言や指示により、天下の覇者となった。

一匡天下　天下の乱れた秩序を正しく統一した。

受其賜　管仲の恩恵を受けている。

被髪左衽　髪を結わず、着物を左前に着る。異民族の風俗のこと。古代中国では、髪を結い、冠をかぶり、着物は右前に着た。

匹夫匹婦　一般庶民の教養のない夫婦のこと。

経於溝瀆　「溝瀆」はみぞ、どぶ。首をくくり死に、溝に棄てられ、その死んだことさえ忘れられてしまうこと。

【補説】　孔子の管仲評価について、

①君臣間の礼をわきまえない人物として批判している（八佾篇）。

②本章では、管仲が桓公を補佐し、周王朝を支え、異民族の侵略を防ぎ、中華社会を存続させた功労者として評価している。

【解説】　管仲は、君臣間の礼に反し、社会秩序を乱し、公子糾のために殉死しなかった。子貢は、このような管仲は、仁者とはとても考えられないと孔子の意見を求めた。ところが、孔子は「中華」という広い視野に立ち、管仲の業績を考えてみると、異民族の侵入を防ぎ、中国の文化を存続させた功労者だと評価できると述べている。

孔子は視点の違いにより、人物評価が異なることを子貢に理解させているのである。孔子という人物の懐の広さ、これこそ多くの弟子たちに慕われ、孔子のもとで学ぶことを喜び集まってくる要因だといえよう。

十二　子曰、莫㆓我知㆒也夫。子貢曰、何為其莫㆑知㆑子也。子曰、不㆑怨㆑天、不㆑尤㆑人。下学而上達。知㆑我者其天乎。

（憲問三七）

子《し》曰《い》はく、我《われ》を知《し》ること莫《な》きかな。子貢《しこう》曰《い》はく、何為《なんす》れぞ其《そ》れ子《し》を知ること莫《な》きや。子《し》曰《い》はく、天《てん》を怨《うら》みず、人《ひと》を尤《とが》めず。下学《かがく》して上達《じやうたつ》す。我《われ》を知《し》る者《もの》は其《そ》れ天《てん》か。

【現代語訳】先生が言われた。「私を理解してくれる人はだれもいないのだなあ。」（この言葉を聞き）子貢が言った。「どうして先生を知らない者がいましょうか。」先生は言われた。「天を恨まないし、人を非難することもしない。私は身近なことから学び、しだいに高遠なことが理解できるようになったのだ。私を真に理解してくれるのは、天だけであろう。」

【語釈】

尤　とがめる。非難する。

下学而上達　身近な日常のことから学びながら、しだいに高遠な事柄や真理に近いことが理解できるようになった。

【解説】孔子と子貢との問答で、くい違いが生じている。孔子は自分が探究する一貫の道について理解してくれる人がいないと孤独のつぶやきをもらしている。子貢は孔子の言葉を間違ってとらえ、「先生ほど、今の社会で知名度の高い、有名人はいないですよ」と答えている。孔子は子貢に、自分の本心をわかってほしいと言っているのである。孔子の真意は、「人々のために社会をよりよいものにしたい。そのために、身近なもののなかから学び、高い理想や真理を求め、天を恨まず、人を非難せず探し続けているのだ。私のことを理解してくれるのは天だけだ」と述べている。

孔子は孤独感に徹しながらも、天の理解や加護を信じ、生涯をかけて求め続けてきた道の実現をめざしていることを子貢に語っている。

十三 子曰、賜也、女以レ予為二多学而識レ之者一与。対曰、然。非与。曰、非也。予一以貫レ之。

子《し》曰《い》はく、賜《し》や、女《なんぢ》予《われ》を以《もつ》て多《おほ》く学《まな》びて之《これ》を識《しる》す者《もの》と為《な》すか。対《こた》へて曰《い》はく、然《しか》り。非《ひ》なるか。曰《い》はく、非《ひ》なり。予《われ》は一《いつ》以《もつ》て之《これ》を貫《つらぬ》く。

（衛霊公二）

【現代語訳】 先生が言われた。「子貢よ、おまえは私のことを、たくさんなことを学んで、それを覚えている物知りだと考えているか。」（子貢が）答えて言った。「そうです。違いますか。」（子貢の返事に対して）先生が言われた。「（子貢よ）違うよ。私は生涯にわたり、一貫した目標をもって生きてきているのだよ。」

【語釈】

識 記憶する。覚える。

【解説】 この章でも孔子と子貢の会話の受けとり方の違いが見られる。孔子は、あらゆることに通暁する該博な知識をひけらかす物知りだと誤解されていないか、子貢に尋ねてみた。子貢は孔子の知識量に驚嘆しているので、即座に「その通りです」と答えている。ところが、孔子は「物知り」と「道を求めて知識を求める人」とは、根本的に違うと述べている。「参《しん》や、吾が道は一以て之を貫く」（里仁篇）では孔子の「一」は「忠恕」であると、曽子は述べている。また、衛霊公篇で、子貢が「一言にして以て終身之を行ふべき者有りや。」と尋ねた。孔子は「其れ恕か」と答えている。「忠恕」は「まごころとおもいやり」、「恕」は「おもいやり」。いずれにしても孔子が一貫して求めてきたことは「仁」に結びつく。孔子は「仁」を求めて知識を得て、経験を積み重ねて「君子」をめざし、その生涯をかけて人間としての成長を求め続けていたのである。

3 師の亡き後の子貢

十四 棘子成曰、君子質而已矣。何以レ文為。子貢曰、惜乎、夫子之説二君子一也。駟不レ及レ舌。文猶レ質也。質猶レ文也。虎豹之鞟、猶二犬羊之鞟一。（顔淵八）

棘子成《きょくしせい》曰《い》はく、君子《くんし》は質《しつ》のみ。何《なん》ぞ文《ぶん》を以《もっ》て為《な》さんや。子貢《しこう》曰《い》はく、惜《を》しい乎《かな》、夫子《ふうし》の君子《くんし》を説《と》くや。駟《し》も舌《した》に及《およ》ばず。文《ぶん》は猶《な》ほ質《しつ》のごときなり。質《しつ》は猶《な》ほ文《ぶん》のごときなり。虎豹《こへう》の鞟《かく》は、猶《な》ほ犬《けん》羊《やう》の鞟《かく》のごときなり。

【現代語訳】 棘子成が言った。「君子は実質を大切にすればよい。どうしてうわべのかざりが必要であろうか。」（この言葉を聞いた）子貢が言った。「残念だなあ、あの方の君子についての発言は。早馬も言葉の伝わる早さには追いつけないものだ。文は質と同じであり、質は文と同じである。（その発言は、すべての動物の皮をなめし皮にして、よしあしを決めるようなもので）虎や豹のなめし皮も犬や羊のなめし皮と同じになってしまうのだよ。」

【語釈】

棘子成　衛の大夫だといわれるが、どのような人物かは不明。ただ「夫子」と子貢が言っているので、身分のある人物である。

駟不及舌　当時の慣用的表現で、「一度発した失言は取りかえしがつかない」の意として用いられていた。「駟」は四頭だての馬車で、早馬として使われていた。

質　実質。素質・素朴など、ありのままの状態。

文　かざり・装飾など人の手が加わったもので、文化的なものの総称。

鞟　動物の毛を抜いた、なめし皮。

【解説】子貢は師の教え「子曰はく、質文に勝てば則ち野なり。文質に勝てば則ち史なり。文質彬彬《ひんぴん》として、然る後に君子なり」（雍也篇）をしっかりと受けとめ、君子として大切な心がまえであり、実践し体得しようと努力を積み重ねてきていた。ところが、棘子成は、弱肉強食の時代風潮で権力ある者がのさばり、教養のある人が劣勢の立場におかれる。実質本位、棘子成にとっては、権力や地位あるものが有効であり、教養や伝統ある文化や歴史的遺産は、社会のなかで意味や存在の意義を見い出せないとの見解を述べている。子貢は師の「文質彬彬として然る後に君子なり」とする人間の生き方が、どのような時代においても求められることを伝えようとしているのである。子貢は孔子の教えを完璧に受容していることは、雍也篇の孔子の言葉を参考にしてみれば明白なことだと理解されるだろう。

十五　子貢曰、紂之不善、不㆓如㆑是之甚㆒也。是以君子悪㆑居㆓下流㆒。天下之悪皆帰㆑焉。

（子張二〇）

子貢《しこう》曰《い》はく、紂《ちう》の不善《ふぜん》、是《か》くの如《ごと》く之《こ》れ甚《はなは》だしからざるなり。是《ここ》を以《もつ》て君子《くんし》は下流《かりう》に居《を》るを悪《にく》む。天下《てんか》の悪皆焉《あくみなこれ》に帰《き》すればなり。

【現代語訳】子貢が言った。「紂王の悪事は、伝えられているほどひどいものではなかった。だから君子は下流（不利な立場に身をおくこと）をきらうのである。天下の悪事がその身に集まるからである。」

【語釈】

居下流　川の下流に住むことをいやがる。下流にいると汚水や流木による被害が起こる。転じて天下の悪事が集まる。不利な立場に身を置くことの意に使われる。

【解説】儒家において尭・舜に対する尊崇。逆に桀・紂に対する否定を述べるのが常識となっている。しかしながら、子貢は政治的立場によって、その評価が激変することを、この章で述べている。子貢は師とともに魯の国で宰相代理として政治手腕を発揮した師の政治的全盛期を目のあたりにしている。それが斉の国から派遣された女子舞踊団の事件により、師は諸国遍歴の苦難の旅をし、隠者からは嘲笑され、生命の危機にさらされる経験をともにしている。政治的な活躍は「天の時・地の利・人の和」が整った絶妙なタイミングのときに発揮されるのである。そのタイミングがずれたとき「下流に居る」という痛切な体験につながることを子貢は身をもって体験している。

　呉智英はこの章について述べている。「歴史は、古い王朝を滅ぼし新しい王朝を打ち立てた者の立場で書かれる。当然、旧王朝の最後の帝は、滅ぼされてもしかたがないような悪逆非道な人間として描かれるはずだ。イデオロギーを排し、歴史を冷静に眺めようとするならば、旧王朝最後の帝に関する不善の伝承や記録については懐疑の眼差しを忘れてはならない。」

十六　子貢曰、君子之過也、如二日月之食一焉。過也、人皆見レ之。更也、人皆仰レ之。

（子張二一）

子貢《しこう》曰《い》はく、君子《くんし》の過《あやま》ちや、日月《じつげつ》の食《しょく》の如《ごと》し。過《あやま》つや、人皆之《ひとみなこれ》を見《み》る。更《あらた》むるや、人皆之《ひとみなこれ》を仰《あふ》ぐ。

【現代語訳】子貢が言った。「君子のあやまちは日食や月食のようなものだ。君子があやまちをすれば、人々はすべて見ているものである。あやまちを改めると人々は仰ぎみてほめたたえる。」

【解説】『論語』では、「過ち」について多く取りあげられている。「過ちては改むるに憚《はば》かること勿れ」(学而篇・子罕篇)、「人の過《あやま》つや各《おのおの》其の党に於いてす。過ちを観て斯《ここ》に仁を知る」(里仁篇)、「過ちて改めざる、是を過ちと謂ふ」(衛霊公篇)。

子貢は「過ち」についての師の考え方を踏襲しながら、子貢流にとらえ、君子の到達目標として発展させている。孔子は「過ち」は人間のだれもが体験することであり、その「過ち」の後の対応のしかたや対処のしかたが問われるとする。子貢は「過ち」を天体現象の日食・月食の比喩を用い、改め方によって人々の評価が変化するという普遍的な視点でとらえている。

十七

衛公孫朝問㆓於子貢㆒曰、仲尼焉学。子貢曰、文武之道未㆑墜㆓於地㆒在㆑人。賢者識㆓其大者㆒、不賢者識㆓其小者㆒。莫㆑不㆑有㆓文武之道㆒焉。夫子焉不㆑学。而亦何常師之有。

(子張二二)

衛《ゑい》の公孫朝子貢《こうそんてうしこう》に問《と》ひて曰《い》はく、仲尼焉《ちうぢいづ》くにか学《まな》べる。子貢曰《しこうい》はく、文武《ぶんぶ》の道《みち》は未《いま》だ地《ち》に墜《お》ちず人《ひと》に在《あ》り。賢者《けんじや》は其《そ》の大《だい》なる者《もの》を識《し》り、不賢者《ふけんじや》は其《そ》の小《せう》なる者《もの》を識《し》る。文武《ぶんぶ》の道有《みちあ》らざること莫《な》し。夫子焉《ふうしいづ》くにか学《まな》ばざらん。而《しかう》して亦何《またなん》の常《つね》の師《し》か之有《これあ》らん。

【現代語訳】衛の公孫朝が子貢に尋ねた。「先生の仲尼さんはどこでだれについて学問をされたのですか。」

子貢がそれに答えて言った。「周の文王・武王の道は地上から消えず人々の間に伝わっている。賢者は偉業の重要なものをしっかりとわきまえているし、不賢者でさえ、偉業の断片を記憶にとどめている。天下のいたるところに文王・武王の道（遺徳）が残されている。だから、先生はどこでも、だれからでも学ばれました。だから決まった特定の師をもたれなかったのです。」

【語釈】

公孫朝　衛の大夫といわれるが、伝記・人物について不詳。

仲尼　弟子以外の人が孔子を呼ぶときの呼称（次項の語釈参照）。

【解説】公孫朝の「だれを師として学問されたのか」という問いかけについては、孔子の学問のルーツや当時の権威主義に基づく学統などについての問いかけであったと考えられる。師の孔子は、幼い頃から独学で、あらゆることを学び知識を博め、博識をもって知られるようになったのである、と子貢は述べている。学統などという権威づけや権威主義を排除し、周文化の継承と発展を期した師の存在を力説した子貢は、師を深く理解し、その存在の偉大さを後世に伝えようと意欲をもって語っているのである。

十八

叔孫武叔毀㆓仲尼㆒。子貢曰、無㆓以為㆒也。仲尼不㆑可㆑毀也。他人之賢者丘陵也。猶可㆑踰也。仲尼日月也。無㆓得而踰㆒焉。人雖㆑欲㆓自絶㆒、其何傷㆓於日月㆒乎。多見㆓其不㆑知㆑量也。

（子張二四）

叔孫《しゅくそん》武《ぶ》叔《しゅく》仲尼《ちゅうじ》を毀《そし》る。子貢《しこう》曰《い》はく、以《もっ》て為《な》す無《な》きなり。仲尼《ちゅうじ》は毀《そし》るべからざるなり。他人《たにん》の賢者《けんじゃ》は丘陵《きゅうりょう》なり。猶《な》ほ踰《こ》ゆべきなり。仲尼《ちゅうじ》は日月《じつげつ》なり。得《え》て踰《こ》ゆる無《な》し。人自《ひとみずか》ら絶《た》たんと欲《ほっ》すと雖《いえど》も、其《そ》れ何《なん》ぞ日月《じつげつ》を傷《そこな》はんや。多《まさ》に其《その》の量《りょう》を知《し》らざるを見《しめ》すなり。

【現代語訳】 叔孫武叔が仲尼の悪口を言った。（それに対して）子貢が言った。「やめておきなさい。先生（仲尼）は非難されるようなお方ではありません。世間の賢者といわれる人は、そこここにある丘のようなものです。だから越えることは簡単です。けれど先生（仲尼）は日や月のような、かけ離れた存在です。越えようと思っても越えることはできません。人が縁を切りたいと思っても、日や月には（関わりがなく）なんのさしさわりはありません。かえって身のほど知らずをさらけだすことになるだけです。」

【語釈】

仲尼　孔子を字で呼ぶのは、孔門の弟子以外で呼ぶときに使う。子貢の言葉のなかに仲尼が用いられているのは、後世の門弟が表記をあらためて用いたためであろう。

丘陵　土が高くもり上がったものが「丘」。大きな阜《おか》が「陵」。

叔孫武叔　叔孫氏は魯の三桓氏の一つ。名は州仇《きゅう》。魯の大夫として孔子と同役であった。

【補説】 孔子の晩年及び没後において、子貢の評価は高まっていったと思われる。とくに『史記』仲尼弟子列伝に詳述されているように、呉・越の国家間に外交使節として活躍し、呉の夫差の野望をくじき、越の句践を世に知らしめ魯の国を救ったのが子貢であった。子貢の評価が高まっても、子貢は孔子の偉大さを知り、後世へと伝えようとする情熱を失わず、顕彰し続けたのである。

【解説】 子貢の評価が孔子より優れているという章が、子張篇の本章の前後の章で述べられている。子貢の弟子の陳子禽が子貢に、「あなたは謙遜されています。孔子がどうしてあなたより優れていましょうか」と言うと、子貢は「先生に及ばないのは、天にはしごをかけて登れないのと同じようなのだ」と孔子が卓越した存在であることを言いきかせている。また叔孫武叔が宮廷で「子貢は師の孔子より優れている」と述べ、それを聞いた子服景伯が子貢に伝えると、子貢は家を囲む塀にたとえて、「私の塀は肩くらいの高さで家のなかが見られるぐらいである。先生の塀は数メートルの高さがあり、門を探してなかに入らなければ、そのなかの美しさも人々が立ち振るまう様子も見ることはできません。そのなかに入ることのできる人は少ないのです。」と子服景伯に述べている。

コラム　子貢

『論語』では、弟子たちの言葉は師である孔子との対話として記録されている。子貢の場合、三十八章もある掲載内容を分析・考察してみると（後述）、入門期の弟子入りしたばかりでは、弁舌の巧みで行動力をともなわないことを、しばしば孔子から戒められている。また自分の才能をほこり、他者の人物評価を相手のことを考えずにはっきりと言い、師からたしなめられることが多かった。また、聡明であるがゆえに、合理的な思考傾向が強く、師の礼の考え方と対立することがしばしばあった。しかしながら師とともに過ごすことにより、人間的にも学識による視野が広がるにつれて、子貢の人格陶冶・頭脳の明断さは、孔子も目を見はる成長を遂げていく。子貢には貨殖の才能があり、孔子の学園・諸国の旅の運営・費用を賄ったともいわれている。

子貢の孔子との会話では、他の弟子たちにはない特徴がある。他の弟子は自分の理解できないことを質問するだけであるが、子貢の質問は、師の主張や思想の本質を明らかにすべく、質問を重ねて本質解明に到達する問いかけをしている。また、孔子の晩年には呉王夫差や越王句践のもとを訪れ、呉が魯に攻撃しないように外交手腕を発揮していることが、『史記』の仲尼弟子列伝に詳述されている。外交では他の人物が真似のできない卓越した能力を発揮しているので、孔子より子貢が優れているという評価が出てくることも考えられる。

しかしながら、子貢は師、孔子の存在及び理想として掲げた「仁」などの思想は、人類においてかけがえのない主張であり、師の偉業を後世へ伝え、人類の理想社会実現をしなければならないと使命感をもっていた。子貢は孔子の最もよき理解者であった。

子貢が掲載されている『論語』の三十八章の孔子と子貢の対話やあり方について視点を変えて分析・考察してみると、次の三項目に分類してまとめることができる。

①孔子の子貢評価と弟子たちのなかの子貢（六章）

②子貢が孔子に質問する章（十八章）

③子貢が孔子の人物像を語る章（十四章）

①は、顔回と子貢を比較して孔子が評価する章が二章。孔門の十哲の章。閔子騫や子路・冉有・子貢が孔子の側で過ごす様子を述べた章。子貢が人の批評することに対して孔子が子貢を評する章（七八ページ）。

②は、子貢が君子をめざして人格を磨くことを尋ねる章（七四ページ）や『論語』を読み解くうえで重要な「仁」や「礼」を質問し、人間関係のあり方や「政治」について尋ねている。

「子貢仁を為さんことを問ふ」（衛霊公篇）（八二ページ）

「告朔の餼羊」についての孔子と子貢の意見の違い（八佾篇）（七九ページ）

「郷人論」（子路篇）（八四ページ）

「管仲の政治」について（憲問篇）（八二ページ）

子貢が孔子の本質を明らかにしようと質問するときの巧みさを紹介する。政治の三原則を孔子が「足食・足兵・民信之」（顔淵篇）と述べたとき、政治の最重要な課題は、信頼感や信義であると子貢は聞き出している。聞き出し方について、子貢は「足食・足兵・民信之」のなかで「やむを得ず一番先に捨てるものは何か」と尋ね、孔子は「足兵」と答えている。次に子貢は「足食・民信之」のなかで「やむを得ず一番先に捨てるものは何か」と尋ね、孔子は「足食」と答えた。そして孔子の政治観で最重要な「民信之」を聞き出している。子貢の頭のよさが理解できる。

③は、師弟間の微妙な意見の違いや孔子の人物像を他の人に紹介するのに、孔子の思惑と異なる伝え方をしている。

孔子は「物知りだと誤解されていないか」と子貢に尋ねた。子貢は「博識だ」と答え、孔子は「道を求めるために身につけた知識で物知りではない」と子貢に述べている（衛霊公篇）（八八ページ）。

呉の大宰から「孔子は聖人で多能か」と尋ねられ、子貢が「その通りだ」と答えた。その話を聞き、孔子は「若い頃貧乏で、つまらない仕事ができるようになったが、多能ではない」と否定している（子罕篇）。

Ⅶ　子游（言偃）

姓は言《げん》。名は偃《えん》。字は子游《しいう》。孔子より四十六歳若い。孔門の十哲（文学）。親に対して敬愛の気持ちをもちながら、やや形式を重んずる態度があった。武城の町の長官になったとき、孔子の教えを忠実に守り、公明正大な政治を実践した。

一　子之㆓武城㆒、聞㆓弦歌之声㆒。夫子莞爾而笑曰、割㆑鶏焉用㆓牛刀㆒。子游対曰、昔者偃也聞㆓諸夫子㆒。曰、君子学㆑道則愛㆑人、小人学㆑道則易㆑使也。子曰、二三子、偃之言是也。前言戯㆑之耳。

（陽貨四）

子武城《しぶじやう》に之《ゆ》き、弦歌《げんか》の声《こゑ》を聞《き》く。夫子《ふうし》莞爾《くわんじ》として笑《わら》ひて曰《い》はく、鶏《にはとり》を割《さ》くに焉《いづ》くんぞ牛刀《ぎうたう》を用《もち》いん。子游《しいう》対《こた》へて曰《い》はく、昔者《むかし》偃《えん》や諸《これ》を夫子《ふうし》に聞《き》く。曰《い》はく、君子《くんし》道《みち》を学《まな》べば則《すなは》ち人《ひと》を愛《あい》し、小人《せうじん》道《みち》を学《まな》べば則《すなわ》ち使《つか》ひ易《やす》きなり。子《し》曰《い》はく、二三子《にさんし》、偃《えん》の言《げん》は是《ぜ》なり。前言《ぜんげん》は之《これ》に戯《たはむ》るるのみ。

【現代語訳】 先生が武城に行かれたとき、弦楽器に合わせて歌う声が聞こえてきた。先生はにっこり笑って言われた。「鶏を料理するのに、どうして大きな牛切り包丁を使う必要があるのだろうか。」子游は（その言葉に）答えて言った。「私（偃）はかつて先生から教えていただきました。『君子が道を学ぶと、民衆を愛するようになる。小人が道を学ぶと、使いやすくなる。』（私は先生の教えのとおり道〔礼楽〕によって武城を治めているのです。）」先生が言われた。「諸君、子游の言ってることが正しいのだ。さっき私が言ったのは冗談だよ。」

【語釈】

子游　姓は言。名は偃。字は子游。親や師がわが子や弟子を呼ぶときには名で呼ぶ。だから、ここでは子游は師に答えるとき、「偃や」と名で答えている。

武城　魯の都、曲阜から東南の国境の町。南方の呉や越が北進してくる交通・軍事の要衝の町。

弦歌　弦楽器にあわせて詩を歌うことを民衆に教えていた。孔子の学園では、瑟を爪びきながら曽皙《そうせき》が孔子の語る話を聞いていたり、子路は瑟の演奏が下手《へた》で落ちこむなどの記述がある。正式には琴や簫《しょう》・鐘《かね》などの絃・管・打楽器の合奏を伴って歌われた。

莞爾　にっこりと笑うさま。

君子……小人　『論語』において「君子」は「道徳も教養も優れて立派な人物」「小人」は「無知無学なくだらない人物」。

【解説】この章について、通説では、子游の治める武城に表敬訪問した孔子が弦歌の声を耳にし、当時の慣用的表現を使って子游をからかい、まじめに反論され、発言を取り消さねばならなかった孔子の失敗談の章といわれている。けれども視点を変えて別の角度からこの章を考えてみると、「負うた子に教えられる孔子像と読みとることができる。」つまり、孔子は礼楽による民衆の教化を標榜《ひょうぼう》し、弟子たちに語っていた。武城の町を表敬訪問してみて、子游の実践によって武城が秩序ある町として存在することを目のあたりにした孔子は、礼楽に基づく教化の重要性を再認識した。孔子の教学の最重要課題である「礼楽」に基づく政治を子游が実際に証明してくれた。このことは晩年の孔子にとって宿願の達成ともいうべき画期的な出来事であった。また武城への訪問について「雍也篇」には次のような逸話が記載されている。武城という重要な町を治める子游に「（おまえを輔佐する）

優れた人物を見つけたか。」と尋ねた。子游は「澹台滅《たんだいめつ》明《めい》という人物がいます」と答え、そして、「彼は外出するときに近道やより道をせず、また公務でない限り、私の部屋に来ない公明正大な人物だ」と紹介している。武城は魯国の沂水《きすい》流域にある町で、南方の呉・越が進出することを防衛する戦略的な重要な地であった。孔子は武城の市政や防衛などの政策や軍事的な体制について、輔佐役の澹台滅明の登用と民衆に対する「礼楽の教化」によって武城の町を子游が統治していることを実地に見聞して喜んでいる。諸国をめぐる旅から帰ってきた孔子にとって、子游は武城という小さな都市（町）であるが、孔子が政治的な理想とする政治を実現していた。孔子は実際に体験し、満足感を味わっているのである。

二　子游曰、子夏之門人小子、当㆓洒掃・応対・進退㆒則可矣。抑末也。本㆑之則無。如㆑之何。子夏聞㆑之曰、噫、言游過矣。君子之道、孰先伝焉、孰後倦焉。譬㆓諸草木区以別㆒矣。君子之道、焉可㆑誣也。有㆑始有㆑卒者、其唯聖人乎。

（子張一二）

子游《しいう》曰《い》はく、子夏《しか》の門人小子《もんじんせうし》は、洒掃《さいさう》・応対《おうたい》・進退《しんたい》に当《あ》たりては則《すなは》ち可《か》なり。抑《そもそ》も末《すゑ》なり。之《これ》を本《もと》づくれば則《すなは》ち無《な》し。之《これ》を如何《いかん》せん。子夏之《しかこれ》を聞《き》きて曰《い》はく、噫《ああ》、言游過《げんいうあやま》てり。君子《くんし》の道《みち》は、孰《いづ》れをか先《さき》として伝《つた》へ、孰《いづ》れをか後《あと》として倦《つた》へん。諸《これ》を草木《さうもく》の区《く》にして以《もつ》て別《べつ》あるに譬《たと》ふ。君子《くんし》の道《みち》は、焉《いづ》くんぞ誣《し》ふべけんや。始《はじ》め有《あ》り卒《をは》り有《あ》る者《もの》は、其《そ》れ唯《た》だ聖人《せいじん》か。

【現代語訳】子游が言った。「子夏の門人の若者たちは、拭き掃除・客の応待・儀式の動作をやらせるとよくできる。けれども、これは末節なことだ。礼の根本的なことは何もない。これはどんなものだろう。」これを聞いた子夏が言った。「言游（子游）よ、まちがっているよ。君子の道は、学習の先後を教えることが大切である。（人によって教え方を見きわめることを間違ってはならない）。そのやり方は、草木の種類によって育て方に違いがあることで分かるはずである。（君子が人を教えるのに、教えを受けるに適した教え方をしなければ。）はじめから終わりまで同じやり方は聖人だけにできることだ。」

【語釈】
言游　言は姓。偃は名。字は子游。姓と字を用いて対話者に呼びかける。「顔淵」という呼称のしかたに同じ。
洒掃　拭き掃除。水を洒《ま》いてほこりを静め、その後で箒《ほうき》で掃《は》くこと。
応対　客に応じて対応する礼。
進退　場面に応じた行動の作法。
倦　伝える。
区　種類。種類によって区別のあること。
誣　ごまかして無理をさせる。個人差を考えず、すべての人に同じやり方をすること。

【解説】孔子の教えを弟子たちが受けとめ、それを後世へ伝えていくとき、弟子たちの個性の違いによって、伝承される教えの内容に相違が出てくる。子游と子夏は形式主義的傾向を共通してもっているが、実際には微妙な違いがある。子游にとって、掃除や客の応待などは、末節的なことで、根本的な「道を学べば則ち人を愛す」（陽貨篇）という実質的な教えを弟子たちに身につけさせようとする。それに対して、子夏は、人には個性に基づく個人差があり、その個人差を考慮しながら弟子たちに教えていかなければならないと考えている。

このような伝承の違いは、荀子（一〇三ページ参照）に指摘されるような問題点を生み出しているのである。

三　子游曰、事レ君数斯辱矣。朋友数斯疏矣。

（里仁二六）

子游《しいう》曰《い》はく、君《きみ》に事《つか》へて数《しばしば》すれば斯《ここ》に辱《はづか》しめらる。朋友《ほういう》に数《しばしば》すれば斯《ここ》に疏《うと》んぜらる。

【現代語訳】 子游が言った。「君に仕えて、うるさくすると（君にきらわれて）はずかしいめにあうことになる。友だちとつきあっていて、うるさくすると（友だちにきらわれて）遠ざけられるようになる。」

【解説】 子游は武城の長官となって活躍し、魯の哀公とお会いしたこともあっただろう。また子游は、孔子より四十歳若い世代の弟子たちとの交遊がある。これらの弟子たちとの実際の交遊の中から生まれてきた言葉で、子游らしさがよく表わされている。

孔子より四十歳若い弟子は、子夏四十四歳、子游四十五歳、曽子四十六歳、子張四十八歳である。子張が一番若い弟子であるが、子游は次の章で子張のことを評している。

四　子游曰、吾友張也、為レ難レ能也。然而未レ仁。

（子張一五）

子游《しいう》曰《い》はく、吾友張《わがともちやう》や、能《よ》くし難《がた》きを為《な》すなり。然《しか》れども未《いま》だ仁《じん》ならず。

【現代語訳】 子游が言った。「私の友の子張は、人のできないことをやり遂げる。しかし、人間的にはまだ仁とはいえない面をもっている。」

【解説】子張は『論語』で活躍したとされる四十歳若い世代の弟子のなかで最年少であったが、堂々とした態度で、積極的に活動するので、存在感があり、目立っていた。一方の子游と子夏は、孔門の十哲のなかで、文学（学問）に優れていると評価されている。この二人は勤勉でまじめ、模範的な優等生として似かよっている点がある。子游と子夏は、為政篇で「孝」について尋ねている。子游の「孝」についての質問に、孔子の回答は、「近頃の孝は、親の世話さえすればよいと考えている。犬や馬でも飼っていれば世話をする。父母に対する敬愛の心がなければ、動物を世話することと、どこが違うであろうか」と述べている。子游は厳格な形式主義に徹しながら、一方では、実質優先的な言動をすることがあった。

　喪の服し方を、子游は次の章で述べている。

五　子游曰、喪致㆓乎哀㆒而止。

（子張一四）

子游《しいう》曰《い》はく、喪《も》は哀《あい》を致《いた》して止《や》む。

【現代語訳】子游が言った。「喪に服するときには、悲しみの情を充分尽くせば、それでよい。」

【語釈】

喪　ここでは親族の死にあったときの儀礼及び心理を言っている。古注では、悲しみのあまりに絶食して、自分の生命まで失いそうになるのはいきすぎだと述べている。

【解説】「喪《も》は其《そ》の易《おさ》まらんよりは寧《むし》ろ戚《いた》め」（八佾篇）と、孔子が林放の問いかけに答えている。その孔子の言葉を子游は受けとめ、子游としての「喪」にあるときの心がまえを述べている。

　形式的な葬儀の儀礼に心遣いをすることよりも、哀悼の意を尽くして死者を弔うという孔子の主張を、子游はしっかりと受け入れている。

コラム　子游

子游は文学（学問）に優れ、人格を磨き、君子として武城の町の長官となっている。師の教えを素直に受容して、その実践に努力している。ただ規則通りに行う形式主義的な面もあった。とくに「孝」について師に尋ねたとき、「親に対する尊敬する気持ちがなければ、犬や馬を養うことと区別することができようか」（為政篇）と指摘されている。子游の功績は、孔子から教えられた「礼楽」に基づく政治を武城の町で実践したことである。表敬訪問をした孔子から「鶏を割《さ》くに焉《いづ》くんぞ牛刀を用いん」と笑われた。けれども子游は師の教えの実践だと抗議した。孔子は「冗談を言ったのだ」と弁解して子游の努力を評価している。とりわけ、武城の町では、澹台滅明《たんだいめつめい》を抜擢して治政の実績をあげているが、「礼楽」に基づく政治には、主導者と補助役との人間の協力がなければ効果が得られない。武城という小さな町であるが、晩年の孔子にとっては「礼楽」に基づく政治の実践を見聞して、生涯にわたり主張してきたことが現実に実施されていて、この上ない喜びであったと思われる。

孔子没後に有若のいわゆる礼派のグループに子游も入れられているが、子夏と門人の指導のあり方や子張の人格的な問題に対して好意をもてず、行動をともにした形跡は見られない。ともすれば孤立した存在であったかもしれない。そのことに関して、後年子游の門弟の末裔に対して、荀子は「非十二子篇」で「子游の末流の門弟は、怠慢に過ごし、面倒なことを嫌い、恥なく飲酒にふけり、君子は力仕事をしないと怠惰に暮している」と痛烈に非難している。

形式主義を追求していると、実質的な面が軽視されてくる。子游は実質的な努力をしていたが、思考傾向として形式主義的な面をもっていた。子游の末流の門弟は実質を軽視し、形式主義に陥り、荀子に痛烈な非難をされたのかもしれない。

Ⅷ　子夏（卜商）

姓は卜《ぼく》。名は商《しやう》。字は子夏《しか》。孔子より四十四歳若い。孔門の十哲（文学）。

生真面目であるがやや消極的な面がある。学問好きで六経を後世に伝えた功績のある人物である。

1　子夏の人物像

一　子謂二子夏一曰、女為二君子儒一。無レ為二小人儒一。（雍也一一）

子《し》子夏《しか》に謂《い》ひて曰《い》はく、女《なんぢ》君子《くんし》の儒《じゆ》と為《な》れ。小人《せうじん》の儒《じゆ》と為《な》る無《な》かれ。

【現代語訳】先生が子夏に向かって言われた。「おまえは君子らしい堂々とした学者になってくれ。小人のようなこせこせした学者になってくれるな。」

【語釈】

君子儒、小人儒　古注の孔安国の説に「君子にして儒と為るは、将《まさ》に以て道を明らかにせんとするなり。小人にして儒と為るは、則ち其の名を矜《ほこ》るのみ」とある。木村英一は「君子の儒は君子の学の研究対象とすべき礼教文化の伝承者であり、小人の儒は巷間《こうかん》の葬儀屋のような儀礼の職人もあったのであろう」と解釈する。

【解説】 子夏は孔門の十哲の「文学」に優れたと評価される孔子の弟子である。子夏は行儀作法の末節にこだわるとか、自己の価値観に固執するなどマイナスの人物像でとらえられている面がある。『論語』に掲載されている子夏像を分析・考察してみると頭脳の明晰さは顔回に近く、柔軟な発想や洞察力の優れている点では子貢に匹敵するほどの人物である。孔子は子夏に対する期待をこめて、視野が広く、大きな課題に挑戦するような大学者をめざすようにと述べている。その期待を素直に受けとめ、精進を重ね、弟子たちの信頼を得て、多くの弟子たちに指導助言できるまでに成長している。さらに孔子没後には、弟子たちのみならず、魏の文侯に高く評価され、孔子の学問を継承・発展させる功績をあげているのである。

二　司馬牛憂曰、人皆有㆓兄弟㆒。我独亡。子夏曰、商聞㆑之矣。死生有㆑命。富貴在㆑天。君子敬而無㆑失、与㆑人恭而有㆑礼、四海之内皆兄弟也。君子何患㆔乎無㆓兄弟㆒也。

（顔淵五）

司馬牛《しばぎう》憂《うれ》へて曰《い》はく、人皆兄弟有《ひとみなきやうだいあ》り。我独《われひと》り亡《な》し。子夏曰《しかい》はく、商之《しやうこれ》を聞《き》けり。死生命有《しせいめいあ》り。富貴天《ふうきてん》に在《あ》り。君子敬《くんしけい》して失《うしな》ふこと無《な》く、人《ひと》と恭《うやうや》しくして礼有《れいあ》らば、四海《しかい》の内皆兄弟《うちみなきやうだい》なり。君子《くんし》何《なん》ぞ兄弟無《きやうだいな》きを患《うれ》へんや。

【現代語訳】 司馬牛が（自分の身の上を）嘆いて言った。「人はみな兄弟があるのに、私にだけにはない。」（この言葉を聞き）子夏が言った。「私（商）はこのような言葉を聞いている。『死ぬも生きるもさだめがあり、富貴になれるかどうかも運命だ』君子は身の行いをつつしんで落度がなく、人に対して心遣いがいきとどき礼儀正しいならば、世界中の人はみな兄弟である。君子はどうして兄弟がないことを悩むことがあろうか。」

【語釈】

司馬牛　孔子の弟子。姓は司馬《しば》。名は耕《こう》。字は子牛《しぎう》。姓・名・字ともに諸説がある。司馬桓魋《しばかんたい》の弟。

商　子夏の名。

有命、在天　命・天は「天命」。運命・使命など人の力ではどうすることもできないもの。

四海之内　世界の四方をとりまいている海のうちにある土地。世界中のこと。

【解説】司馬牛は宋の国の名門、向家の一族で、孔子の命を狙った司馬桓魋の弟だといわれている。司馬桓魋が孔子を襲ったのは、孔子が諸国をめぐる旅をしているときで、孔子の発言や政治方針が桓魋にとって不利益となると考えたためである。

「子曰はく、天徳を予《われ》に生ぜり。桓魋其れ予を如何《いか》にせん」（述而篇）と孔子は「天が徳を私にさずけられた。桓魋が私をどうすることができようか。」と自信に満ちた決意を述べている。

　司馬牛は宋の国で一族や兄の不祥事のため、諸国を放浪する亡命生活を続け、魯の国にやってきて子夏に、人間のあり方や理想的な人物像について尋ねた。子夏は孔子の理想的人物像（君子）をとりあげ、「敬」と「恭」を実践すれば、肉親の「兄弟」を頼らず、「全世界の人から兄弟以上の信頼関係が得られる」と司馬牛を励ましている。

ただ、孔子は「孝弟」という家族や郷党（地域社会）のなかでの人間関係のあり方に重点を置き、社会秩序の安定を求めている。それに対して、子夏は視点を広げた、全世界的な人間関係という普遍的な価値観へと展開させているのである。

三　樊遅問レ仁。子曰、愛レ人。問レ知。子曰、知レ人。樊遅未レ達。子曰、挙レ直錯二諸枉一、能使二枉者直一。樊遅退、見二子夏一曰、郷也吾見二於夫子一而問レ知、子曰、挙レ直錯二諸枉一、能使二枉者直一。何謂也。子夏曰、富哉言乎。舜有二天下一、選二於衆一挙二皐陶一、不仁者遠矣。湯有二天下一、選二於衆一挙二伊尹一、不仁者遠矣。

（顔淵二二）

樊遅《はんち》仁《じん》を問《と》ふ。子曰《しい》はく、人《ひと》を愛《あい》す。知《ち》を問《と》ふ。子曰《しい》はく、人《ひと》を知《し》る。樊遅《はんち》未《いま》だ達《たつ》せず。子曰《しい》はく、直《なほ》きを挙《あ》げて諸《これ》を枉《まが》れるに錯《お》けば、能《よ》く枉《まが》れる者《もの》をして直《なほ》からしむ。樊遅《はんち》退《しりぞ》きて、子夏《しか》を見《み》て曰《い》はく、郷《さき》に吾夫子《われふうし》に見《まみ》えて知《ち》を問《と》ひしに、子曰《しい》はく、直《なほ》きを挙《あ》げて諸《これ》を枉《まが》れるに錯《お》けば、能《よ》く枉《まが》れる者《もの》をして直《なほ》からしむ。何《なん》の謂《いひ》ぞや。子夏曰《しかい》はく、富《と》めるかな言《げん》や。舜天下《しゆんてんか》を有《たも》ちて、衆《しゆう》より選《えら》びて皐陶《かうえう》を挙《あ》げ、不仁者遠《ふじんしやとほ》ざかる。湯天下《たうてんか》を有《たも》ちて、衆《しゆう》より選《えら》びて伊尹《いゐん》を挙《あ》げ、不仁者遠《ふじんしやとほ》ざかる。

【現代語訳】 樊遅が仁について尋ねた。先生が言われた。「人を愛することだ。」（樊遅が）知について尋ねた。先生が言われた。「人を知ることだ。」樊遅が（言われたことが）よくわかない様子だった。先生が言われた。「正直な人を不正直な人の上におけば、不正直者を正しくすることができる。」樊遅は（先生のところを）退席して、子夏に会って言った。「先ほど私が先生に会い『知』について尋ねました。先生は『正直な人を不正直な人の上におけば、不正直者を正しくすることができる』と言われました。どういうことなのですか。」子夏が言った。「なんと味わい深い言葉だろう。（昔神話の）舜が天下を治めていたとき、たくさんの人のなかから皐陶《こうよう》を選び裁判官として任用したので、悪人がいなくなった。（殷の始祖の）湯王が天下を治めていたとき、たくさんの人のなかから伊尹《いいん》を選び宰相にしたので、悪人がいなくなった。」

【語釈】

皐陶　舜の賢臣。裁判官として功績をあげた人物。

伊尹　湯王の賢宰相。殷王朝建国の功労者。

【解説】樊遅は魯人とも斉人ともいわれる。姓は樊《はん》。名は須《しゅ》。字は子遅《しち》。孔子より四十六歳若い。孔子が諸国をめぐる旅から帰国したときに入門したといわれる。孔子の馬車の御者をして、お供しているときに、孔子にいろいろと質問したり、先生の真意を聞かされている。しかし『論語』の章中において、樊遅は「問知」二回、「問仁」三回と同じ質問をしている。どうも理解力が不足しているようである。この章でも樊遅は仁・知について尋ねた。孔子は言葉を尽くして樊遅に説明している。けれども樊遅は理解できなかった。そこで、同世代の子夏に質問しているのである。子夏は樊遅が「知を問う」と質問し、孔子が「人を知る」と答えていることを瞬時に理解して、樊遅に説明している。舜が皐陶を抜擢したことは『尚書』「舜典」「皐陶謨《こうようぼ》」に見える。殷王朝の創始者の湯王が、伊尹を宰相としたことは、孔子の時代の『尚書』には詳しい記述があったはずであるが、今本の『尚書』には、「湯誓《とうせい》」に、湯王の宰相の伊尹の記述があるだけである。ただ孔子の活躍した時代には、この二人（舜の皐陶・湯王の伊尹）を抜擢し、そして、政治的な功績をあげたことは歴史的事実として伝えられ、広く知られていたはずである。とりわけ、「知人」ということについて、『尚書』の「皐陶謨」に舜のもとで皐陶は士（刑獄をつかさどる）として貢献している。「皐陶曰はく、都《ああ》、人を知るに在り、民を安んずるに在り」と述べ、「知人」が政治にとって重要だと言っている。子夏はこの『尚書』の古諺をしっかりと理解していて、「知」ということは知識・理解にとどまらず、賢人を抜擢し、そして政治的な安定や善政につながることを樊遅に理解させているのである。

四

子夏為㆓莒父宰㆒、問㆑政。子曰、無㆑欲㆑速。無㆑見㆓小利㆒。欲㆑速則不㆑達。見㆓小利㆒則大事不㆑成。（子路一七）

子《し》夏《か》莒《きよ》父《ほ》の宰《さい》と為《な》り、政《まつりごと》を問《と》ふ。子《し》曰《い》はく、速《すみや》かなるを欲《ほつ》すること無《な》かれ。小利《せうり》を見《み》ること無《な》かれ。速《すみや》かなるを欲《ほつ》すれば則《すなは》ち達《たつ》せず。小利《せうり》を見《み》れば則《すなは》ち大事《だいじ》成《な》らず。

【現代語訳】 子夏が莒父の町長になったとき、政治の心得について尋ねた。先生が言われた。「あせらずにやることだ。小さな目先の利益にとらわれてはならない。あせって功を得ようとすると、政令が行きわたらない。小さな利益にとらわれると大きな事業はできなくなってしまう」。

【語釈】

莒父　魯国の東南の辺境にある、当時新開拓地としてひらかれた町。

【解説】 この章は、若い子夏が実際の政治実践の場として莒の町長に就任したときのことだと考えられる。この実践経験により、子夏は観念としての政治から実際の政治運営について体験することができたのである。子夏の欠点である功をあせり、小さな成果で満足しようとすることを孔子に指摘された。その結果、子夏は努力して改善し、治政の上での達成・大事業の完遂を身につけることができたのである。この経験によって後に魏の文侯に仕え、魏の国を当時の社会のなかで最も繁栄し、文化的な創造をめざす国家へと発展させる大成果をあげた。さらに、魏の文侯が学術を盛んにしたことは、この後の斉の威王・宣王の時代（紀元前四世紀）に斉の稷下で百花斉放の学術が隆盛する先がけとなる画期的な出来事であった。

2　師の教えの受容と発展

孔子から君子として徳のある大学者となるようにと期待された子夏は、孔子の晩年の書籍の編纂に協力し、その成果である経書を後世に伝える功績を果たしている。とくに魏の文侯という当時の社会で文化事業に熱心な君主に仕え、政治的な助言のみならず、孔子の教えを黄河流域の中原の地に広めていくという、他の直弟子とは異なる偉業を達成しているのである。

さらに『論語』において、子夏に関わる二十章中、「子夏曰」と単独で子夏の言葉で述べられた章が十章もある。このことは、子夏は孔子の思想や教えをしっかりと受容し、子夏の思想へと昇華して展開しているものと考えることができよう。その一端を述べてみる。

五　子夏之門人問㆓交於子張㆒。子張曰、子夏云㆑何。対曰、子夏曰、可者与㆑之、其不可者拒㆑之。子張曰、異㆓乎吾所㆑聞。君子尊㆑賢而容㆑衆、嘉㆑善而矜㆓不能㆒。我之大賢与、於㆑人何所㆑不㆑容。我之不賢与、人将㆑拒㆑我。如㆑之何其拒㆑人也。

（子張三）

子夏《しか》の門人《もんじん》交《まじ》はりを子張《しちやう》に問《と》ふ。子張《しちやう》曰《い》はく、子夏《しか》は何《なに》とか云《い》へる。対《こた》へて曰《い》はく、子夏《しか》曰《い》はく可《か》なる者《もの》には之《これ》に与《くみ》し、其《そ》の不可《ふか》なる者《もの》には之《これ》を拒《こば》め。子張《しちやう》曰《い》はく、吾《わ》が聞《き》く所《ところ》に異《こと》なり。君子《くんし》は賢《けん》を尊《たふと》びて衆《しゆう》を容《い》れ、善《ぜん》を嘉《よみ》して不能《ふのう》を矜《あはれ》む。我《われ》の大賢《たいけん》ならんか、人《ひと》に於《お》いて何《なん》ぞ容《い》れざる所《ところ》あらん。我《われ》の不賢《ふけん》ならんか、人将《ひとまさ》に我《われ》を拒《こば》まんとす。之《これ》を如何《いかん》ぞ其《そ》れ人《ひと》を拒《こば》まんや。

【現代語訳】子夏の門人が、人との交際のあり方について子張に質問した。子張は（子夏の門人に）尋ねた。「子夏はなんと言っているのか。」（子夏の門人は）それに対して答えて言った。「子夏先生は『交際してよい人であれば、親しく交際し、交際してよくない人であれば、止めなさい。』と言われました。」子張は言った。「私が（孔先生から）聞いている話とは違っている。君子は賢者を敬い、お付きあいをし、（一方では）広く大衆との交際も行っている。（能力ある）善人をほめたたえ、能力が不足する人にも心配りをする。私が（かりに）賢者であったなら、どんな人でも必ず受け入れる。私が不賢者であったなら、人は私を受け入れないだろう。どうして私から人を拒むようなことをするだろうか、どのような人ともうまく交際するのが師の教えであるはずだ。」

【語釈】

可者与之　「可者」は交際をしてもよい人。「与之」は親しくする。

容　受け入れる。

嘉　賛美する。ほめたたえる。

矜　同情する。細かな配慮をする。

我之大賢与　私が大いなる賢者であったならば。

於人何所不容　どんな人でも必ず受け入れる。

如之何其拒人也　どのような人でも受け入れて親しくする。

【解説】子夏と子張の主張は、いずれも孔子の教えに基づく交友のあり方についての考え方を述べている。子夏は「己《おのれ》に如《し》かざる者《もの》を友《とも》とすること無《な》かれ。」（学而篇）に基づいている。貝塚茂樹は子夏と子張の論争について説得力ある意見を述べている。「もし、人が自分よりすぐれた人を友としようとすると、相手も自分よりすぐれた人を友としようとするのであろうから、その関係は成立しえぬことになる。」と述べ、しかしながらと「人が内省的で謙虚に、他人の長所を見て高く評価し、その美点を学び、その人を友とすることで君子の交わりが成立する」と子夏の「理性の上に朋友関係が成立する」ことを証明する。その一方で、子張は「汎く衆を愛し仁に親しむ。」（学而篇）に基づいている。貝塚茂樹は子張の主張について「君子の他人に対する同情心に、朋友の成立の根拠を求めている。」と述べている。また、郭沫若は、子張に教えを受けた弟子たちの末流に対して「子張氏の一派は特別に民衆を重要視している。かれらの仁愛の範囲はなはだ広く、多数であろうと少数であろうとすべていい加減にしようとしない。」と述べている。

このように孔子の言葉を受容した弟子たちは、それぞれの立場で師の説を解釈し、そして、その弟子たちの後継者によって、その違いが大きくなり、学派間の対立をみせるようになってくるのである。

六　子夏曰、雖㆓小道㆒必有㆓可㆑観者㆒焉。致㆑遠恐㆑泥。是以君子不㆑為也。

（子張四）

子《し》夏《か》曰《い》はく、小道《せうだう》と雖《いへど》も必《かなら》ず観《み》るべき者《もの》有《あ》り。遠《とほ》きを致《いた》さば泥《なづ》まんことを恐《おそ》る。是《ここ》を以《もつ》て君子《くんし》は為《な》さざるなり。

【現代語訳】子夏が言った。「つまらない技芸でも、それぞれきっと見どころがあるものだ。ところが深入りするとぬけられなくなって偏りが出てくるものだ。だから君子は（用心して）手がけないようにしているのだ。」

【語釈】

小道　農業や鍼や灸などの医術・卜筮《ぼくぜい》。一説には諸子の学など異端の学。

【解説】子夏の門人は技芸にこだわり、精通しようとする者が多くいた。子夏は孔子の道は、窮極の知を求めることにあり、「小道」にとらわれ、「大道」を見失うことのないように注意を与えている。
子夏は孔子が求めた一貫の道を継承することに、努力を傾けていたのである。

七　子夏曰、日知㆓其所㆒㆑亡、月無㆑忘㆓其所㆒㆑能、可㆑謂㆑好㆑学也已矣。（子張五）

子夏《しか》曰《い》はく、日《ひ》に其《そ》の亡《な》き所《ところ》を知《し》り、月《つき》に其《そ》の能《よく》する所《ところ》を忘《わす》るること無《な》きを、学《がく》を好《この》むと謂《い》ふべきのみ。

【現代語訳】子夏が言った。「日々自分の知らないことを知り、（その蓄積した「知」を）月ごとに忘れないように心にとめおくようにすれば、学問に熱心だといえるだろう。」

【解説】『論語』において「可謂好学也已矣」という言葉は、孔子の学問に取り組む基本的な姿勢であると同時に、生涯にわたり「好学」の態度で学問精進を続ける孔子の人間像を表わす言葉である。

学而篇には、孔子は君子の心がまえとして、「食飽《あ》かんことを求むる無く、居安からんことを求むること無く、事に敏にして言に慎《つつ》しみ、有道に就きて正す。学を好むと謂ふべきのみ」と物質的な満足を求める日常生活であるよりも、日々の精神的な向上をめざすことを目標にするように述べている。基本的な心がまえとして「学を好むと言ふべきのみ」と学問精進を第一の目標にするように弟子たちに求めているのである。子夏は、孔子の教えに対して、学問精進を持続するためには、日々の新たな学びと学んだことを自己の心のなかで習熟しているか、これが「学を好むと謂ふべきのみ」という日々の実践目標であり自己の課題としているのである。子夏の言志に感銘を受けた、清の顧炎武《こえんぶ》は著書に『日知録』と題名をつけている。

八　子夏曰、博学而篤志、切問而近思、仁在$_{二}$其中$_{一}$矣。（子張六）

子夏曰《しかい》はく、博《ひろ》く学《まな》びて篤《あつ》く志《こころざ》し、切《せつ》に問《と》ひて近《ちか》く思《おも》へば、仁《じん》其《そ》の中《なか》に在《あ》り。

【現代語訳】 子夏が言った。「（古今の知識を）広く学び、（道の真理を）熱心に探究する。（現実に即して）切実に問いつづけて究明し、身近な問題へと転化する工夫ができれば、そこにこそ（先生の求めた）仁の道を見い出すことができるのである。

【解説】 孔子は身近なものから具体的な実践の目標があると「能く近く譬《たとえ》を取る。仁の方と謂ふべきのみ」（雍也篇）と述べている。子夏がいかに孔子の「述志」を心に刻み、自己の言葉として後世へ伝えようとしたかという決意が示されている。雍也篇では、子貢が「如し博く民に施して能く衆を済《すく》ふこと有らば、如何《いかん》。仁と謂ふべきか。」と尋ねたのに対して、孔子が答えた言葉は「何ぞ仁を事とせん。必《かなら》ずや聖か（仁にとどまるどころか聖人といわれるほどの卓越した政治的指導力が求められることだ）」と述べている。「仁」のためには「身近なものから、仁を実践するための具体的な事例を一つ一つ取りあげ、考察・体験していくことが仁への目標へと近づく方法である」と説明している。子夏は、師と子貢の会話を念頭に置きながら、独自の「仁」への道を提示している。つまり、「広範な知識・教養を求めて学び、その意志を継続しながら、観念的な知識・教養にならないためには、身近な事例や経験を通して思索を深めていけば、そのなかに『仁』が存在する」と師と子貢の会話をみごとに要約しつつ、新たな到達目標を提示しているのである。

九　子夏曰、百工居レ肆以成二其事一、君子学以致二其道一。（子張七）

子《し》夏《か》曰《い》はく、百工《ひやくこう》は肆《し》に居《ゐ》て以《もつ》て其《そ》の事《こと》を成《な》し、君子《くんし》は学《まな》びて以《もつ》て其《そ》の道《みち》を致《いた》す。

【現代語訳】 子夏が言った。「職人たちは店にいて、自分の仕事を完成させるが、君子は学問をすることによって、（君子としての）道をきわめる。」

【語釈】

百工　職人。

肆　店のこと。または職人の仕事場。

【解説】 子夏は庶民の生活で職人が自己の技芸によって生活の基盤を成り立たせているように、君子にとっては学問をすることが当然なすべき行為であり、その学問を継続することにより道が拓け、理想とする仁へと到達できると主張する。子夏の「君子」像のなかに、学問研究を専門にしながら、人格陶冶に励む自立した知識人の生き方を見い出すことができる。

十　子夏曰、大徳不レ踰レ閑、小徳出入可也。（子張一一）

子《し》夏《か》曰《い》はく、大徳《だいとく》は閑《のり》を踰《こ》えず、小徳《せうとく》は出入《しゆつにふ》するとも可《か》なり。

【現代語訳】 子夏が言った。「大きな道徳は、細かな規則をふみ越えてはならないのだが、小さな道徳は、規則からはみ出したり、規則どおりにしなくてもよい。」

【語釈】
閑　法律や規則。
大徳・小徳　大きな道徳と小さな道徳。一説に大徳の人・小徳の人とする説がある。

【解説】子夏の門人に対して、子游は「洒掃《さいそう》・応対・進退に当りては則ち可なり。抑《そもそ》も末なり。」と細かな礼節にこだわると非難している。子夏はそのような非難もあるが、基本的には門弟たちに小さな徳にこだわらず、礼をしっかりと身につける君子をめざしてほしいと考えている。自己の体験に基づき、自己反省しつつ、門弟に訓戒として伝えている子夏像を見い出すことができる。

十一　子夏曰、仕而優則学、学而優則仕。（子張一三）

子《し》夏《か》曰《い》はく、仕《つか》へて優《いう》なれば則《すなは》ち学《まな》び、学《まな》びて優《いう》なれば則《すなは》ち仕《つか》ふ。

【現代語訳】子夏が言った。「職につき（君主に）仕えてゆとりがもてるようになれば、学問精進に励み、学問精進をしてゆとりがもてるようになれば、職につき君主に仕える。」

【語釈】
優　余力がある。ゆとりをもつ。

【解説】「子曰はく、……行ひて余力有れば、以て文を学ぶ」（学而篇）の孔子の言葉を受容した、子夏自身の体験に基づき、自己の処世訓としている。世襲によって官職につき、学問精進が不充分な者もいる。一方、学問精進によって官職を得る者もいる。それぞれ個人の境遇の違いによって、官職につく違いはあるが、いずれにしても、生涯学び続けることの大切さを子夏は述べている。子夏は孔子が終生学び続けたことを、身近で見ていたからこそ、後進の弟子たちにも学び続けていくように求めたのである。

十二　子夏曰、小人之過也必文。

（子張八）

子夏《しか》曰《い》はく、小人《せうじん》の過《あやま》つや必《かなら》ず文《かざ》る。

【現代語訳】子夏が言った。「つまらない人間が過ちをおかすと、きまって体裁を作りごまかすものだ。」

【語釈】

文　体裁を作り、過ちを過ちと認めないこと。

この章は「君子」と「小人」の対比をみごとに表わしている。子夏の「小人」に対する洞察力の的確さが理解できるはずである。

【解説】『論語』において、孔子はしばしば「過ち」について述べている。人間が日々の生活や活動をするときに、失敗や過ちを犯す。これはだれもが経過することで、失敗や過ちのない人生を送ることのできる人はいない。人として大切なことは「過ち」を犯した後、どのような行動をとるかで、その人の真価が問われると孔子は述べている。「過ちては則ち改むるに憚かることなかれ。」（学而篇・子罕篇）失敗・過ちをしたと判断したら即刻、過ちを改めることが第一にとるべきことである。しかしながら、世間では自分の「過ち」を認めようとしない人間がいる。孔子は「過ちて改めざる、これを過ちと謂ふ。」（衛霊公篇）これが真の「過ち」だという。そして、子夏は、孔子の言葉を受けて、人間の違いを明確にする。「君子の過つや必ず改む。小人の過つや必ずや文《かざ》る。」つまらない人間ほど素直に過ちを認めないで、あれこれ理屈を述べ、言いわけをして事をすませようとする。子夏の言葉は「君子」と「小人」の違いは、学ぶことにより人格を陶冶し、徳のある人間へと成長することができるかどうかにあると述べている。

十三　子夏曰、君子有㆓三変㆒。望㆑之儼然。即㆑之也温。聴㆓其言㆒也厲。（子張九）

子《し》夏《か》曰《い》はく、君子《くんし》に三変《さんぺん》有《あ》り。之《これ》を望《のぞ》めば儼然《げんぜん》たり。之《これ》に即《つ》けば温《をん》なり。其《そ》の言《げん》を聴《き》けば厲《はげ》し。

【現代語訳】子夏が言った。「君子には（接するしかたによって）三つの変わった様子を見ることができる。遠くから見ると威厳がある。そばに近づき接していると温かく穏やかである。言葉を聞くとはげしく厳しい。」

【語釈】

儼然　威厳がある。

厲　迫力があって厳しい。

【解説】「子温《おだや》かにして厲《はげ》し。威《ゐ》ありて猛《たけ》からず。恭《うやうや》しくて安し。」（述而篇）と孔子の人物像が述べられている。子夏はこの師の人物像を「君子の三変」として表現している。遠くから見ると威厳があり、近よりがたいが、近づき接していると温厚な親しみやすさはあるが、ただ人なつこく接してばかりいるわけにはいかない厳しさを備えていると評している。顔回の孔子像についても「之を仰げば弥々《いよいよ》高く、之を鑚《き》れば弥々堅し。」（子罕篇）と述べている。孔子は時と場合・状況によって弟子たちに対応し、弟子たちにとって変幻自在な存在観をいだかせている。

十四　子夏曰、君子信而後労㆓其民㆒。未㆑信、則以為㆑厲㆑己也。信而後諫。未㆑信、則以為㆑謗㆑己也。（子張一〇）

子夏曰《しかい》はく、君子《くんし》は信《しん》じられて後《のち》に其《そ》の民《たみ》を労《ろう》す。未《いま》だ信《しん》ぜられざれば、則《すなは》ち以《もつ》て己《おのれ》を厲《なや》ますと為《な》す。信《しん》ぜられて而《しか》して後《のち》に諫《いさ》む。未《いま》だ信《しん》ぜられざれば、則《すなは》ち以《もつ》て己《おのれ》を謗《そし》ると為《な》す。

【現代語訳】 子夏が言った。「君子は（民衆に）信頼されるようになって、はじめて民衆を（道路や都市の建設などの）労役に従事させることができる。信頼されていないのに、（労役に従事させると）自分たちを苦しめ、つらい思いをさせると考えて不満をもつようになる。また、君子は（君主に）信頼されるようになって、はじめて（君主に）忠告・助言することができる。信頼されていないのに、忠告・助言すると、（君主は）自分を非難するものだと受けとって感情を害するのである。」

【解説】 この章の子夏の言葉は、子路篇の「莒父《きょほ》の宰」（一〇九ページ参照）となって政治について質問し、孔子から二つのことを教えられている。「あせらずにやること。小さな利益に目がくらまされることのないこと。」この忠告を子夏は実際の政治的実践や体験を通し、本章のような民衆に信頼される政治的な指導者像を確立したと考えることができる。

コラム　子夏

子夏の人物像について、従来は融通のきかない「謹厳実直で消極的な人物」と評価が低かった。しかしながら、頭脳明晰で顔回には及ばないが、優れた能力をもつ秀才である。「賢を賢として色を易ふ。」（学而篇）、「子夏孝を問ふ。子曰く、色難し。」（為政篇）と孔子から「色」に関わる指摘をされる。子夏は、「やさしい態度ややわらいだ顔色を人に見せず、愛想のよくないように」受けとられている面をもっていた。荀子の非十二子篇で、子夏の門弟の末流のことを「衣冠を正しくして顔色を斉《ととの》えて終日もの言わず、堅苦しいのが謹言だと思っている」と批判されている。子貢が孔子に「師（子張）と商（子夏）」の人物評価について尋ねたとき、孔子は「師は過ぎたり、商や及ばず」（先進篇）と評している。子張が自己顕示欲が強く、積極的に自己宣伝をして活動するのに対して、子夏は自己抑制をしながら内省的に学問精進に励むタイプの人物である。顔回の天才的な才能とは比較できないが、学問精進をめざす姿勢は共通している。子夏は子貢と同じく『詩経』について、ともに語ることができる人物だと評価されている。子夏は「巧笑倩たり」（『詩経』衛風 碩人《せきじん》）と『詩経』の言葉を用いた巧みな人間修養のあり方について述べている。女性の美しさは、お化粧をするとき「お白粉でお化粧して……」と最後の白さを際立てて仕上げることで美しさが強調される。これは絵画の仕上げに、白を最後に加えて絵全体を仕上げると絵画のよさが出てくるのと同じである。このことを子夏は、人格の修養にあてはめて、知識・教養など培ってきたものを礼によって仕上げると人格が完成すると述べた。孔子はこの『詩経』の巧みなとらえ方に対して激賞しているのである。

さらに莒父の宰をまかせられ、細かなことに気をつかいすぎないよう、そして拙速に治政の効果を求めるなと注意されている。孔子の教えを素直に受け入れ、「家」や「地域共同体」での人間関係を大切にしながら、秩序ある社会の実現をめざしている。門弟たちの間でも信頼が篤く、司馬牛をなぐさめ、樊遅の理解力不足に対して、師の意味することを説明して、樊遅の困惑をといてやっている。

宋の洪邁《こうまい》の『容齋絶筆』では、子夏の功績を要領よくまとめている。「易に於いては伝を作り、詩に於いては序を作り、毛詩を伝え、礼に於ては儀礼の喪服伝を作り、春秋に於いては公羊伝の著者公羊高を、穀梁伝の著者穀梁赤を教えた」という。この説は、子夏の業績の定説となっていないが、子夏は孔子の学問の継承者としての功績は大きかったと考えられる。

『史記』によれば、孔子没後、西河において魏の文侯（前四四五～前三九六）の師となった。子夏の弟子には田子方・段干木がいた。また、『礼記』によれば子夏が七十四歳、魏の文侯の即位の年（前四四五）に師となる。文侯に経を授けたのは、文侯十八年（前四二八）子夏九十一歳のときであったといわれる（『史記』十二諸侯年表）。

Ⅸ　子張（顓孫師）

姓は顓孫《せんそん》。名は師《し》。字は子張《しちやう》。孔子より四十八歳若い。積極的で実行力もあるが、やや自己顕示欲が強く、同世代の兄弟弟子から敬遠される面もあった。孔子の教えや文献を後世へ伝承することに貢献している。

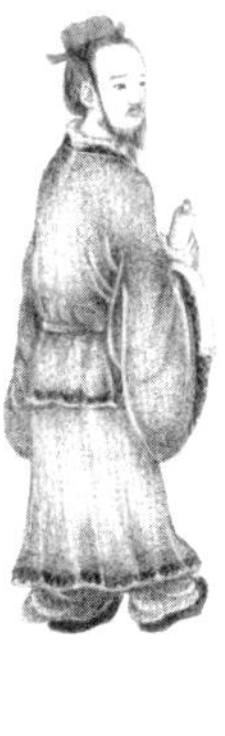

1　子張の人物像

一　子張学レ干レ禄。子曰、多聞闕レ疑、慎言二其余一、則寡レ尤。多見闕レ殆、慎行二其余一、則寡レ悔。言寡レ尤、行寡レ悔、則禄在二其中一矣。（為政一八）

子張《しちやう》禄《ろく》を干《もと》めんことを学《まな》ぶ。子曰《しい》はく、多《おほ》く聞《き》きて疑《うたが》はしきを闕《か》き、慎《つつ》しみて其《そ》の余《よ》を言《い》へば、則《すなは》ち尤寡《とがめすく》なし。多《おほ》く見《み》て殆《あや》ふきを闕《か》き、慎《つつ》しみて其《そ》の余《よ》を行《おこな》へば、則《すなは》ち悔寡《くいすく》なし。言《げん》に尤寡《とがめすく》なく行《おこな》ひに悔寡《くいすく》なければ、禄《ろく》は則《すなは》ち其《そ》の中《うち》に在《あ》り。

【現代語訳】子張が俸給の得られる方法について尋ねた。先生が言われた。「多くのことを聞き、疑わしいものをとり除き、（確かなことだけを）慎重に話していれば、人から非難されることが少なくなるのです。多くのことを見て、不確かなことをとり除き、慎重に行動すれば、後悔することが少なくなるのです。言葉にあやまちが少なく、行動に後悔が少なくなれば、自然に俸給が得られるようになるのです。」

【語釈】

学干禄　俸給の得られる方法を（孔子に）学ぶ。つまり仕官する方法を尋ねた。

慎言其余　慎重に確かなことだけを話すこと。推量したことや不確実なことを口にしない。

尤　人から非難されること。

殆　不確実なこと。

悔　後悔すること。

【解説】 子張は若い弟子たちのなかで、押しだしは堂々としていて弁舌は巧みで困難なことにも挑戦するが、やや誠実さに欠ける面があった。そのような子張に対して、孔子は『詩経』に基づく思いをもつようにと子張に述べている。「豈弟《がいてい》の君子禄を干《もと》むる豈弟（心安らかで温和な君子は自ら徳を修め、我が身に自然と福禄が集まるようつとめる。）」『詩経』（大雅旱麓《かんろく》）

つまり、「師（子張）は過ぎたり」といわれている子張に「言を慎しみ、行を慎しむ」と戒めることによって、子張は仕官の道が開け、君子たる道が得られると諭しているのである。

二　子張問、十世可㆑知也。子曰、殷因㆓於夏礼㆒。所㆓損益㆒可㆑知也。周因㆓於殷礼㆒。所㆓損益㆒可㆑知也。其或継㆑周者、雖㆓百世㆒可㆑知也。（為政二三）

子張《しちやう》問《と》ふ、十世《じつせい》知《し》るべきや。子曰《しい》はく、殷《いん》は夏《か》の礼《れい》に因《よ》る。損益《そんえき》する所《ところ》知《し》るべきなり。周《しう》は殷《いん》の礼《れい》に因《よ》る。損益《そんえき》する所《ところ》知《し》るべきなり。其《そ》の或《ある》いは周《しう》を継《つ》ぐ者《もの》は、百世《ひやくせい》と雖《いへど》も知《し》るべきなり。

【現代語訳】子張が尋ねた。「十代先の未来を予知することができますか。」先生が言われた。「殷の王朝は、（その前の）夏の王朝の制度を受けついでいる。（殷は夏の制度の）どこを廃止し、どこをつけ加えたかがわかる。周の王朝は、殷の王朝の制度を受けついでいる。（周は殷の制度の）どこを廃止し、どこをつけ加えたかがわかる。（このことからいえば、かりに）周の王朝を継いで興る王朝があったとしても、百代先の未来社会でも知ることができるだろう。」

【語釈】

夏　大洪水を治めた聖人禹《う》の創建した王朝。

殷　殷の湯王が夏の桀《けつ》王を滅ぼして創建した王朝。殷は湯王から最後の紂《ちゅう》王まで三十一の王によって統治した王朝である。

周　周の武王が殷の紂王を滅ぼして創建した王朝。

礼　ここでは、正常な社会秩序のある礼がいきわたっていること。『論語』において「礼」は多義的な意味をもつ。ここでは「国家の制度」を指す。

十世　十代先の王朝。「世」は三十年。三百年先の王朝。

【解説】孔子の歴史観によれば、歴史は連続性と発展性をもって展開すると考えている。子張は礼に優れた識見・能力をもつと評価されていた。孔子は十世という未来社会の予知について尋ねた子張に、理解・関心をもち、「礼」の制度に基づき予知可能であると述べている。

この章に関して、木村英一は、「晩年の孔子が三代の伝統文化について考察を深め、三代文化史観に到達し、将来の理想社会のイメージを三代文化の総合として構想していた」とする。ところが貝塚茂樹は、「礼つまり制度史の専門家である若い子張が、十代さきの王朝の制度を予知できるかときいた。（略）二千五百年前の中国に生まれた孔子がこの連続性と発展性とを、夏・殷・周の三王朝の礼、つまり制度の比較から理解していたことは、まことに驚くべきことである。礼の専門家である秀才の子張に、礼の本質から答えている。」と述べている。

子張が礼の専門家であったかどうかは、資料もなく確証は得られないが、子張は独自の論理や理論を展開していたことは、明確である。

三　子張問曰、令尹子文三仕為二令尹一、無二喜色一。三已レ之、無二慍色一。旧令尹之政、必以告二新令尹一、何如。子曰、忠矣。曰、仁矣乎。曰、未レ知、焉得レ仁。崔子弑二斉君一。陳文子有二馬十乗一。棄而違レ之。至二於他邦一則曰、猶二吾大夫崔子一也。違レ之。之二一邦一則又曰、猶二吾大夫崔子一也。違レ之。何如。子曰、清矣。曰、仁矣乎。曰、未レ知、焉得レ仁。

（公冶長一八）

子張《しちやうと》問ひて曰《い》はく、令尹子文《れいゐんしぶん》三《み》たび仕へて令尹《れいゐん》と為《な》れども、喜《よろこ》べる色《いろ》無《な》し。三《み》たび之《これ》を已《や》めらるれども、慍《いか》る色《いろ》無《な》し。旧令尹《きうれいゐん》の政《まつりごと》は、必《かなら》ず以《もつ》て新令尹《しんれいゐん》に告《つ》ぐ、何如《いかん》。子曰《しい》はく、忠《ちゆう》なり。曰《い》はく、仁《じん》なるか。曰《い》はく、未《いま》だ知《し》らず、焉《いづ》くんぞ仁《じん》なるを得《え》ん。崔子《さいし》斉《せい》の君《きみ》を弑《しい》す。陳文子《ちんぶんし》馬十乗《うまじふじよう》有《あ》り。棄《す》てて之《これ》を違《さ》る。他邦《たはう》に至《いた》れば則《すなは》ち曰《い》はく、猶《な》ほ吾《わ》が大夫崔子《たいふさいし》のごときなり。之《これ》を違《さ》る。一邦《いつぱう》に之《ゆ》けば則《すなは》ち又《また》曰《い》はく、猶《な》ほ吾《わ》が大夫崔子《たいふさいし》のごときなり。之《これ》を違《さ》る。何如《いかん》。子曰《しい》はく、清《せい》なり。曰《い》はく、仁《じん》なるか。曰《い》はく、未《いま》だ知《し》らず。焉《いづ》くんぞ仁《じん》なるを得《え》ん。

【現代語訳】子張が尋ねた。「楚の子文は三度も宰相に任命されましたが、うれしそうな様子を見せず、また三度も辞任させられましたが、残念そうな様子を見せませんでした。（辞任するとき）いつも宰相の政治事務を新宰相に引継ぎをしました。（このような人物を）どうごらんになりますか。」先生が言われた。「誠実な人だね。」（子張がさらに尋ねて）言った。「仁と言えますか。」先生が言われた。「（誠実な人であるとは言えるが、子文について）よく知らないので、どうして仁と言えようか。」（子張が尋ねた）「崔杼《さいちょ》が主君の荘公を弑したとき、陳文子は馬を十乗（四十頭）をもつ（富貴な）身分でしたが、その地位を捨てて斉を去りました。他の国へ行きましたが、（その国の家老は斉の国の）大夫の崔杼と似ていると言い、その国を捨てました。また別の国に行きましたが、（その国の家老は斉の国）の大夫の崔杼と似ていると言って、その国を去りました。この陳文子をどう思いますか。」先生が言われました。「清廉潔白な人だね。」（子張が）言った。「仁と言えますか。」先生が言われた。「（清廉潔白だけど、陳文子について）よく知らないので、どうして仁と言えようか。」

【語釈】

令尹　楚国の官名で、他の諸国の宰相にあたる。

子文　姓は闘《とう》。名は穀於菟《とうおと》。字は子文《しぶん》。孔子の生まれる百年前の人物。

崔子弑斉君　「崔子」は斉の大夫、崔杼《さいちょ》。当時、斉国内において絶大な権力をもっていた。斉君は斉の荘公。荘公が勝手な行動をするのにたまりかねて、荘公を部下に殺害させた。斉の歴史官が崔杼が主君を殺したと記したため、歴史官を殺害した（前五四八年）。歴史官の次弟が兄に続いて「弑」と記録したが殺された。三人目の弟が記録したが、崔杼は殺さなかった。そこで崔杼の主君殺しは、歴史書に記録され、後世に伝承されたのである。

陳文子　姓は陳《ちん》。名は須無《しゅぶ》。文は諡。斉の大夫。

十乗　兵車十台のこと。（戦時の一乗は兵員百名。四頭だての兵車一台。十乗は兵員千名。馬四十頭。）

【解説】子張は、孔子の理想とする「仁」を理解しようと孔子に尋ねている。子張は歴史的に実在した楚の子文、陳文子という二人の人物の行動や態度を例に出し、孔子が理想とする「仁」にあてはまるかどうかと問いかけているのである。楚の子文は、出処進退に関して冷静沈着な態度をとっている。また陳文子は、主君殺しの崔杼のイメージにつながる人物を忌避し、すべて否定した。そして、移り住む国を捜し求めた。

子張は具体的な人物像から、孔子の理想とする「仁」について理解しようとしたのである。孔子は楚の子文・

陳文子について、とった行動や態度は大いに評価しているが、心の中身（心のあり方）について判断しなければ、「仁」とはいえないと述べている。つまり、孔子の理想とする「仁」は、人間らしく愛の徳を備えているという完成度の高さが求められている。

四　子張問㆓善人之道㆒。子曰、不㆑践㆑迹、亦不㆑入㆓於室㆒。

（先進一九）

子《し》張《ちやう》善人《ぜんにん》の道《みち》を問《と》ふ。子《し》曰《い》はく、迹《あと》を践《ふ》まざれば、亦《また》室《しつ》に入《い》らざるなり。

【現代語訳】子張が善人となる道について尋ねた。先生が言われた。「（古人の歩んだ道を）一歩一歩と歩き修行しなければ、（堂にのぼるだけで）奥座敷には達することができない。」

【語釈】

善人　『論語』では、「仁者・仁人」を「仁を体得した人」として君子のめざすべき人間目標としている。善人は「仁人」に近い人をいう。

不践迹　古人の歩んだ道の跡を追って修行しない。

不入亦室　「室」は奥座敷。「堂」が表座敷。ここでは学問の奥義に達することができないの意。

【解説】『論語』には「善人」を取りあげた章が四章ある。本章の他に三章あり、二章が子曰、一章が尭曰である。

「子曰はく、善人邦を為《おさ》むること百年ならば、亦以て残に勝ち殺を去るべし。誠なるかな。是の言や。」（子路篇）

「子曰はく、善人民を教ふること七年ならば、亦以て戎《じゅう》に即《つ》かしむべし。」（子路篇）

「尭曰はく、……周に大いなる賚《たまもの》有り。善人是れ富めり。……」（尭曰篇）

孔子は善それ自体、最高の善が「仁」だと考えている。

仁人・仁者は仁を体得した人。聖人・聖者は仁を完全に体得しつくした人。善人は仁人に近い人を表している。子張はこの孔子の仁人・善人を継承し、後世へ伝えている。この仁人・善人が、孟子に継承されると善の概念が「性善説」となり、「仁」及び仁人の実践道徳として「仁義」の概念へと結実していくのである。

五　子張問レ政。子曰、居レ之無レ倦、行レ之以レ忠。

（顔淵一四）

子張《しちやう》政《まつりごと》を問《と》ふ。子曰《しい》はく、之《これ》に居《を》りて倦《う》むこと無《な》く、之《これ》を行《おこな》ふに忠《ちゆう》を以《もつ》てす。

【現代語訳】子張が政治について尋ねた。先生が言われた。「いつも心をひきしめ、民衆に対して誠実に行うべきである。」

【解説】この章について、古注は「為政者の身のもち方」として民衆に向かって政策を実行するときの心がまえとする。新注は「為政者の心がまえ」として位にあって実行する場合とする。正義注では朝廷の会議に列席する場合の心がまえとする。いずれにしても、子張は、理路整然と自己主張をし、弁説巧みであるが、実践面において誠実さや率先垂範の態度に不足する面が見られたのである。

【まとめ】先進篇に「師（子張）や辟なり」とある。「辟」について王弼は「飾ること過差たり」風采を堂々とみせようと外見を飾るといい、朱子は「便辟なり。容止に習ひて誠実少きを謂ふ也」という。つまり、口が達者で、身のこなし、振舞いは立派であるが誠実さに欠けると、子張は人物像についてよくいわれていない。

さらに同世代の曽子から、「堂々たるかな張や。与《とも》に並んで仁を為し難し。（推しだしが立派だな子張君は。けれども、一緒に仁を行うことはできない）」（子張篇）

といわれている。ただ、この評価は孔子晩年の二十代の子張で、年とともに孔子の教えを受け入れて、かなり人格的に錬磨していき、変貌していった点もあるようだ。

「昔、竊《ひそ》かに之を聞く。子夏・子游・子張、みな聖人の一体あり。」（『孟子』公孫丑上篇）と孟子は子張が聖人（孔子）の一体（徳の一部分）を有していると述べている。

2 師の教えの受容

六　子張問、士何如、斯可レ謂二之達一矣。子曰、何哉、爾所謂達者。子張対曰、在レ邦必聞、在レ家必聞。子曰、是聞也。非レ達也。夫達也者、質直而好レ義、察レ言而観レ色、慮以下レ人。在レ邦必達、在レ家必達。夫聞也者、色取レ仁而行違。居レ之不レ疑。在レ邦必聞、在レ家必聞。

（顔淵二〇）

子張《しちやう》問《と》ふ、士《し》何如《いか》なるをか、斯《こ》れ之《これ》を達《たつ》と謂《い》ふべき。子《し》曰《い》はく、何《なん》ぞや、爾《なんぢ》の所謂《いはゆる》達《たつ》とは。子《し》張《ちやう》対《こた》へて曰《い》はく、邦《くに》に在《あ》りても必《かなら》ず聞《きこ》え、家《いへ》に在《あ》りても必《かなら》ず聞《きこ》ゆ。子《し》曰《い》はく、是《こ》れ聞《ぶん》なり。達《たつ》に非《あら》ざるなり。夫《そ》れ達《たつ》なる者《もの》は、質直《しつちよく》にして義《ぎ》を好《この》み、言《げん》を察《さつ》して色《いろ》を観《み》、慮《おもんぱか》りて以《もつ》て人《ひと》に下《くだ》る。邦《くに》に在《あ》りても必《かなら》ず達《たつ》し、家《いへ》に在《あ》りても必《かなら》ず達《たつ》す。夫《そ》れ聞《ぶん》なる者《もの》は、色仁《いろじん》に取《と》りて行《おこな》ひは違《たが》ふ。之《これ》に居《を》りて疑《うたが》はず。邦《くに》に在《あ》りても必《かなら》ず聞《きこ》え、家《いへ》に在《あ》りても必《かなら》ず聞《きこ》ゆ。

【現代語訳】子張が尋ねた。「『士』といわれる人で『達』とは、どのような人ですか。」先生が言われた。「どういう意味なのか、子張よ、おまえのいう『達』とは。」子張は答えて言った。「諸侯に仕えていても名声があがり、家庭にあっても名声があがるのを、私は『達』と考えています。」先生が言われた。「子張よ、おまえの言っているのは『聞』であり、『達』ではない。いったい『達』とは、人柄が正直で正しいことを好み、人の言っていることを判断して、相手のことをよく観察し、心くばりをしながら人に対してへりくだる。それだからこそ諸侯に仕えていても、家庭にあっても人々に信頼され、まわりの人間関係を円滑にすることができるのだ。それに対して『聞』といわれる人は、表面的には仁らしく見えても実際にはかけ離れていて、いつわりの生活を信じて疑いもしない。（世間の人は見きわめることができないので）諸侯に仕えていても、家庭にいても評判がよいのだが、名が知られているだけのものである。」

【語釈】

士　周代の身分制の天子・諸侯・卿・大夫・士という官職につく、いわば支配層であった。孔子は卿などという家柄のよい、貴族階層の生まれではなく、父は士の階層出身だといわれている。孔子の弟子たちは、大部分が士階層か庶民の出身であった。その弟子たちに学問精進することにより、知識・教養を身につけ、人格を陶冶して君子たる人間へと成長させ、国家・社会に活躍できる人材の育成につとめたのである。

達　君子たる人格と教養を身につけた人。

聞　口先だけで、実力もなく社会的地位を得た人。評判はよいが、人格と教養が不充分な人。

【解説】子張の人物像がリアルに表わされた章である。子張と同世代の曽子や子游は、子張の非凡な才能や実行力について、素直に評価しているが、人格的に「仁」にはほど遠いという人間的な欠陥をもっている。ところが、孔子の晩年・没後には、それまで評価が低いと見なされた新興の知識階層としての「士」が評価され、社会に求められるようになったと考えられる。子張が孔子に弟子入りして、「禄を干《もと》めることを学ぶ」（為政篇）には、このような時代背景を考慮に入れる必要があろう。子張は、実質的な事柄に強く関心をもち、さらに名誉や世間に対する知名度を求める出世主義的な傾向をもっていたとも考えられる。

七　師冕見。及ㇾ階。子曰、階也。及ㇾ席。子曰、席也。皆坐。子告ㇾ之曰、某在ㇾ斯、某在ㇾ斯。師冕出。子張問曰、与ㇾ師言之道与。子曰、然、固相ㇾ師之道也。

（衛霊公四一）

師冕見《しべんまみ》ゆ。階《かい》に及《およ》ぶ。子曰《しい》はく、階《かい》なり。席《せき》に及《およ》ぶ。子曰《しい》はく、席《せき》なり。皆坐《みなざ》す。子之《しこれ》に告《つ》げて曰《い》はく、某斯《ぼうここ》に在《あ》り、某斯《ぼうここ》に在《あ》り。師冕出《しべんい》づ。子張問《しちやうと》ひて曰《い》はく、師《し》と言《い》ふの道《みち》か。子曰《しい》はく、然《しか》り、固《もと》より師《し》を相《たす》くるの道《みち》なり。

【現代語訳】　楽師の冕《べん》が面会にきた。階段のところに来ると孔先生が言われた。「ここは階段ですよ。」座席までこられると先生が言われた。「ここが席ですよ。」一同が席につくと、先生は（一座の人を紹介して）言われた。「だれはそこに、だれはここにいます。」楽師の冕が退出した後、子張が尋ねた。「先生が今なさったのは目の不自由な師を案内するときの作法ですか。」先生が言われた。「そうだ。これが本当に目の不自由な師を案内するときの作法なのだ。」

【語釈】

師冕　音楽の師匠である冕。

相　礼の規定では賓客を先導することを「相《たす》く」という。

【解説】孔子はかつて楽人から『詩経』の伝授を受けた。当時『詩経』は楽器の演奏をともなって『詩経』の言葉が歌われた。目の不自由な人に対する人道的な立場のみならず、「詩」を教えてもらった師に対する敬愛の態度で接している。子張は二十代の若者で、先生が丁重な態度で対応することに驚き、意外さを感じたので、尋ねたのである。孔子は子張が礼の規定にとらわれ、人間的な思いやりを忘れていることに気づき、思いやりある態度で接することの大切さを教えているのである。

八

子張問レ明。子曰、浸潤之譖、膚受之愬、不レ行焉可レ謂レ明也已矣。浸潤之譖、膚受之愬、不レ行焉可レ謂レ遠也已矣。（顔淵六）

子張明《しちやうめい》を問《と》ふ。子曰《しい》はく、浸潤《しんじゆん》の譖《そし》り、膚受《ふじゆ》の愬《うつた》へ、行《おこな》はれざるを明《めい》と謂《い》ふべきのみ。浸潤《しんじゆん》の譖《そし》り、膚受《ふじゆ》の愬《うつた》へ、行《おこな》はざれざるを遠《ゑん》と謂《い》ふべきのみ。

【現代語訳】子張が聡明さについて尋ねた。先生が言われた。「じわじわと水がしみこむように心のなかに入ってくる中傷の言葉と皮膚に痛みを感じさせるような訴えを聞いても、取りあげようとしなければ、聡明といえよう。じわじわと水がしみこむように心のなかに入ってくる中傷の言葉と皮膚に痛みを感じさせるような訴えを聞いても、受けつけなければ遠くを見とおす見識があるといえよう。」

【語釈】

浸潤之譖　じわじわと水がしみこむように心のなかに入ってくる中傷の言葉。

膚受之愬　皮膚に痛みを感じさせる訴え。

この二つの語の意味には諸説があり、内容のとらえ方に違いが見られる。

【解説】この章について、解釈やとらえ方が多岐にわたっているが、次のような立場に基づくものだとして解釈した。前半は君子が為政者として賢者を任用する場合の聡明さや状況判断の適切さを述べている。後半は君子が栄達や俸禄を求める場合の将来的な展望や先見の明を述べている。

子張は、ともすれば合理的な思考方法により物事を判断したり、俸禄を求める自己の栄達を望む傾向がある。子張と孔子の会話を分析・考察してみると、他の弟子たちとの会話には見られない難解な語彙が多く見られる。また、「紳に書す」と孔子の言葉を記録していたといわれる。

子張は、他の弟子とは異なり、子張独自な語彙や私感に基づく言葉で、師の言葉を書き残していた可能性が充分考えられる。

九 子張問二崇レ徳弁レ惑。子曰、主二忠信一、徙レ義崇レ徳也。愛レ之欲二其生一、悪レ之欲二其死一。既欲二其生一、又欲二其死一、是惑也。（顔淵一〇）

子《し》張《ちやう》徳《とく》を崇《たか》くし惑《まど》ひを弁《べん》ずることを問《と》ふ。子《し》曰《い》はく、忠信《ちゆうしん》を主《しゆ》とし、義《ぎ》に徙《うつ》るは徳《とく》を崇《たか》くするなり。之《これ》を愛《あい》して其《そ》の生《い》きんことを欲《ほっ》し、之《これ》を悪《にく》みて其《そ》の死《し》なんことを欲《ほっ》す。既《すで》に其《そ》の生《い》きんことを欲《ほっ》し、又其《またそ》の死《し》なんことを欲《ほっ》するは、是《こ》れ惑《まど》ひなり。

【現代語訳】子張が「徳をたっとび、矛盾する言動をわきまえ見分けること」を尋ねた。先生が言われた。「自己に忠実で他人に対する信義を大切にして、正義に近づくことが徳をたっとぶことである。人を愛していると長生きをのぞみ、人をにくめば死をねがっている。人の生きることをのぞみ、一方では死をねがう心が惑いである。（矛盾する感情を理性的に判断することが大切である。）」

【語釈】

崇徳　徳をたっとぶこと。自己の道徳心を高めて増すこと。

弁惑　「惑」は人間の無意識に行う矛盾した言動。「弁」は矛盾を見分けて、そのような言動におちいらないこと。

主忠信　「忠」は自分自身を欺かないこと。「信」は人を欺かないこと。忠実と信義を自己の行為の中心に据えること。

徙義　正しいことへとわが身を近づけること。

【解説】子張は「崇徳」「弁惑」の二つについて尋ね、樊遅は「崇徳・脩慝・弁惑」（顔淵二一）の三つについて尋ねている。吉川幸次郎は「徳《トク》・慝《トク》・惑《ワク》」と脚韻をふみ、道徳に関する標語であるとする。一方、木村英一は常用された祭祀の祭文だとする。『論語』においても、この章は諸説もあり、難解な内容である。晩年の孔子の学塾では「仁」「孝」「礼」などの概念の定義づけについて、弟子たちが質問し、孔子がそれぞれのテーマについて答えているのである。けれども、孔子はそれぞれのテーマの定義について語らず、孔子が「仁」「礼」「孝」などの理想的な到達状況を念頭におき、問いかけた弟子たちが実践倫理・到達目標として受容できるよう、弟子たちの個性に応じて語っているのである。ただ、有子と子張に関しては、孔子との会話を分析し考察してみると、他の弟子に比べて抽象的な論理で会話がなされている。別の視点で考えてみると、有子と子張は孔子が伝えた内容を、有子や子張の論理で構築しようとする試みがなされたと考えることができる。孔子没後において、弟子たちのなかに「忠恕派」と「礼派」の二大派閥があったとすることが通説であった。「礼派」といわれる有子・子游・子夏・子張は、理論構築をめざし「忠恕派」の曽子と対立していたとも考えられる。

十　子張曰、書云、高宗諒陰三年不レ言、何謂也。子曰、何必高宗。古之人皆然。君薨、百官総レ己、以聴二於冢宰一三年。

（憲問四三）

子張《しちやう》曰《い》はく、書《しよ》に云《い》ふ、高宗《かうそう》諒陰《りやうあん》三年《さんねん》言《ものい》はずとは、何《なん》の謂《いひ》ぞや。子《し》曰《い》はく、何《なん》ぞ必《かなら》ずしも高宗《かうそう》のみならん。古《いにしへ》の人《ひと》皆《みな》然《しか》り。君《きみ》薨《こう》ずれば、百官《ひやくくわん》己《おのれ》を総《す》べて、以《もつ》て冢宰《ちようさい》に聴《き》くこと三年《さんねん》なり。

【現代語訳】 子張が言った。「『尚書』に、『殷の高宗は三年の間、喪に服している間、一度も発言されなかった』とあるのは、どういうことですか。」先生が言われた。「なにも高宗だけにかぎらない。昔の人はすべてそんなふうであった。君主が亡くなると、（跡継ぎの君主は積極的な発言をしないため）多くの官吏は宰相の命令を三年間聞いて自己の職務を果たし、仕事に励んだものだ。」

【語釈】

書云　『尚書』のこと。『周書』の「無逸篇」にある言葉。

高宗　殷王朝の中興の名君武丁の諡。

諒陰　天子が先帝の喪に服すること。喪に服するとき居住する喪屋は草ぶきの粗末な建物である。喪中にはそこで三年過ごすので諒陰三年という。

不言　政治上の発言をしない。

冢宰　天子の六人の卿のうち主席の大臣。今日の総理大臣。

【解説】 子張などの若い弟子が、師の孔子から『詩経』『尚書』などの解釈や意味不明なところを聞き、自らの学問知識を高めている様子がうかがえる章である。

十一　子張問レ行。子曰、言忠信、行篤敬、雖二蛮貊之邦一行矣。言不二忠信一、行不二篤敬一、雖二州里一行乎哉。立則見三其参二於前一也。在レ輿則見三其倚二於衡一也。夫然後行。子張書二諸紳一。

（衛霊公五）

子張《しちやう》行《おこな》はれんことを問《と》ふ。子《し》曰《い》はく、言忠信《げんちゆうしん》、行篤敬《かうとくけい》ならば、蛮貊《ばんぱく》の邦《くに》と雖《いへど》も行《おこな》はれん。言《げん》忠信《ちゆうしん》ならず、行篤敬《かうとくけい》ならざれば、州里《しうり》と雖《いへど》も行《おこな》はれんや。立《た》てば則《すなは》ち其《そ》の前《まへ》に参《あた》るを見《み》るなり。輿《よ》に在《あ》れば則《すなは》ち其《そ》の衡《かう》に倚《よ》るを見《み》るなり。夫《そ》れ然《しか》る後《のち》に行《おこな》はれん。子張《しちやう》諸《これ》を紳《しん》に書《しよ》す。

【現代語訳】 子張が（どうしたら自分の）主張が行われるか尋ねた。先生が言われた。「言葉にまごころがあり誠実で、行動はどんなときにも人に対しても慎しみ深かったならば、異民族の国でも、その主張は行われるだろう。言葉にまごころ・誠実さがなく、行動が人に対する慎しみがなければ、身近かな村里のなかでさえ、その主張が行われるだろうか、いきわたるはずはない。（常に言葉や行動に気配りをして）ただ立っているときでも、わが身の前にありありと存在するように思い、車に乗れば車の前の横木によりかかっているように思う。（そのように、いつも熱心に思い続けることによって）はじめてその主張が行われるようになるのである。」子張は、この言葉を礼服の広帯《ひろおび》の端に書きつけた。

【語釈】

行　信念や自己主張が受け入れられ、世の中に広がっていくこと。

蛮貊之邦　「蛮」は南蛮。「貊」は北狄《てき》。中国の中央から離れた未開の国々。

立　諸説があるが、「ただ立っているときでも」の意とする。つまり、忠信の言葉、篤敬の行動を頭のなかで常に思い続け、「立っているときも」そして次の「車に載っているときも」四六時中思い続けているさまとする。

州里　身近な村里。

衡　馬車の座席の前にある横木。馬車に乗る人がつかまるために設けてある。

書諸紳　「紳」は礼服に用いる幅の広い帯。

【解説】子張は孔子の訓戒を忘れないように帯の端に書きつけた。普通孔子の語った言葉は、聞き手の弟子が記憶していて、後に記録されたものである。孔子の言葉を書きつける記述は『論語』において、これがあるだけである。

十二　子張問㆓仁於孔子㆒。孔子曰、能行㆓五者於天下㆒為㆑仁矣。請㆓問之㆒。曰、恭・寛・信・敏・恵。恭則不㆑侮、寛則得㆑衆、信則人任焉、敏則有㆑功、恵則足㆓以使㆒㆑人。（陽貨六）

子張《しちやう》仁《じん》を孔子《こうし》に問《と》ふ。孔子《こうし》曰《い》はく、能《よ》く五者《ごしや》を天下《てんか》に行《おこな》ふを仁《じん》と為《な》す。之《これ》を請《こ》ひ問《と》ふ。曰《い》はく、恭《きよう》・寛《くわん》・信《しん》・敏《びん》・恵《けい》なり。恭《きよう》なれば則《すなは》ち侮《あなど》られず、寛《くわん》なれば則《すなは》ち衆《しゆう》を得《う》、信《しん》なれば則《すなは》ち人《ひと》任《にん》じ、敏《びん》なれば則《すなは》ち功《こう》有《あ》り、恵《けい》なれば則《すなは》ち以《もつ》て人《ひと》を使《つか》ふに足《た》る。

【現代語訳】子張が仁について先生に尋ねた。先生が言われた「五つのことを天下に行うことができれば、仁といえるね。」子張は五つのことはなにかと尋ねた。（先生が）言われた。「恭・寛・信・敏・恵である。行儀よく心がけがよいと人から侮られない。寛容であれば世間の人望が集まる。誠実であると他人が信頼をよせる。すばやく仕事をやりあげると業績があがる。恵み深いと人使いがうまくいく。」

【補説】「学而篇」で先生が諸国遍歴で、訪れた国々で政治について助言を求められることについて、子貢は弟子の子禽に尋ねられた。子貢は「夫子は温（おだやかさ）・良（すなおさ）・恭（うやうやしさ）・倹（むだのなさ）・

譲（ひかえめ）の優れた人柄によって諸国で嘱望されたので、先生が政治的な相談にのったのだ」と説明している。本章で、子張が仁について尋ねたとき、孔子が述べた「恭・寛・信・敏・恵」五つのことと、学而篇で子貢が述べた孔子の人柄とはほぼ一致する。

本章「恭・寛・信・敏・恵」

学而篇「温・良・恭・倹・譲」

孔子の説く「仁」は、まさに孔子そのものの実践・人物像だといえよう。

【まとめ】子張は、さまざまなことを尋ね、自己を磨き成長していった。「問明（聡明さを問う）」「問崇徳弁惑（徳を尊び無意識に行う矛盾する言動について問う）」「『尚書』の内容」「問行（自己主張の実現を問う）」「問仁」と自己の行動や心のあり方等について、孔子に問いかけている。そして子張は師の言葉を「紳に書す」ほど道を学ぶに熱心であり、しだいに弟子たちの間のみならず、社会的にも存在感が認められるようになっていくのである。師の教えを常に心にいだき守って精進した結果が、孟子のいう「聖人（孔子）の一体（徳の一部を備えている）あり」になったと考えられる。

3 子張の独自の道

十三　子張曰、士見レ危致レ命、見レ得思レ義、祭思レ敬、喪思レ哀。其可已矣。（子張一）

子張《しちやう》曰《い》はく、士《し》は危《あやふ》きを見《み》ては命《めい》を致《いた》し、得《う》るを見《み》ては義《ぎ》を思《おも》ひ、祭《まつり》には敬《けい》を思《おも》ひ、喪《さう》には哀《あい》を思《おも》ふ。其《そ》れ可《か》ならんのみ。

【現代語訳】子張が言った。「士たる人間は、（国家の）危機にあたっては生命をかけて事にあたり、利益が得られることが起こったら、義にかなうかどうかを考え、祭礼に臨んでは敬意を尽くすことを考えて、葬儀には死者を哀悼することを考えられるならば、一人前の人物だといえよう。」

【語釈】

士　士は道を求める者、学問を学ぶ者などの人物を表わす意で使われる。ここでは才能によって主君に仕えて、国家の有益な人材として活躍する人物を表わしている。

見危　国家的な危機に遭遇する。

致命　自己の生命を犠牲にする。

見得　利益のあることに出あう。

思義　利益を得ることについて正しいかどうかを考える。

祭　国家的な祭礼。

喪　葬儀。服喪中という説もある。

【解説】憲問篇に子路が「成人」について先生に尋ねたときに、「成人」の条件として「利を見て義を思ひ、危を見て命を授く」ことを述べている。子張の発言は、孔子の述べた言葉を記憶にとどめ、受容した内容を子張の言葉や語彙で述べているように考えられる。とくに子張は「士」をめざして人格の陶冶に努力していったようである。その過程の一端を見ることができる章である。

十四　子張曰、執レ徳不レ弘、信レ道不レ篤、焉能為レ有、焉能為レ亡。

（子張二）

子張《しちやう》曰《い》はく、徳《とく》を執《と》ること弘《ひろ》からず、道《みち》を信《しん》ずること篤《あつ》からず、焉《いづ》くんぞ能《よ》く有《あ》りと為《な》さん。焉《いづ》くんぞ能《よ》く亡《な》しと為《な》さん。

【現代語訳】 子張が言った。「徳のとらえ方が狭く広い視野に欠け、道を信じて誠実に努力することがなければ、（その人物の存在そのものが）あるとかないとかいえようか。（そのような人物は士として存在理由はないものである。）」

【解説】 孔子の「仁」は寛大な心をもつ徳のある人間性を基礎に置いている。「子曰はく、篤く信じて学を好み、死を守りて道を善くす。」（泰伯篇）孔子の晩年から子張が活躍する時代には、「徳」について、教条主義的な理想的人間像が話題となった可能性がある。素朴な集団生活から洗練された社会生活へと変化していく過程に起こることである。おそらく孔子の若かりし頃には、周王朝の飾り気のない、大きな徳をもつ、心やさしい人々が存在していたであろう。しかし晩年及び没後には、薄っぺらな徳をいかにも豊かな人間性としてみせかける巧みな弁舌をふるう人間が登場するようになってきたと思われる。

コラム　子張

孔子が没したとき、子張は二十代の若者であった。同世代の子夏・子游・曽子のなかで、子張が一番若く、二十六歳であった。「師や過ぎたり」（先進篇）に指摘されているように、師（子張）は、積極的で態度は堂々としているが、弟子たちと問題を起こし、疎んじられる面もあった。しかしながら、子張は孔子の言葉を「紳（広帯）に書す」（衛霊公篇）など、師の言葉をしっかりと受けとめ、自らを磨き、君子をめざす意欲あふれる態度もあった。子夏・子游とともに有子を先生の身がわりとして擁立しようとして、曽子の反対で中止したこともあり、弟子たちのなかでの存在感があった。

子張は『呂氏春秋《りょししゅんじゅう》』尊師篇に「孔子に学ぶ。（略）此れに由りて天下の名士・顕人と為り、以て其の寿を終ふ。王公・大人従ひて之を礼す」と晩年の活躍が述べられている。ただ、戦国時代末に活躍した『荀子』の「非十二子篇」には、子張の学統を継承する門弟に対して、次のような酷評が記されている。「子張氏の賤儒（つまらない学者）」は「其の冠を弟佗《ていた》し、其の辞を神禫《ちゅうたん》し、禹行《うこう》・舜趨《しゅんすう》するなり。（冠をだらしなくかぶり、言う言葉が浅はかで中身がなく、聖人禹のような歩き方をまねし、舜のような小走りをしている。）」

子張は禁欲的な態度で学問精進をして君子をめざすようなタイプの弟子ではなく、出世主義的な現実を重視する傾向をもっている。しかしながら、大衆に対する深い同情心をもち、当時の社会で影響力のあった墨家《ぼっか》集団の「兼愛（無差別・平等愛）」を受容していたと郭沫若は「十批判書」で述べている。

ただ、子張が子夏や曽子などの世代の弟子とともに、孔子の教えや文献を後世へ伝えようした情熱を持ち続けたことによって、漢王朝の武帝が紀元前一三六年に「五経博士」を設けた。孔子没後から三百四十数年間、弟子からまた弟子へと継承されていったことにより、孔子の教えや文献が社会に受け入れられたのである。孔子に直接教えを受けた弟子たちの情熱や努力を大いに評価すべきであろう。

X　孔子の思想の伝承

曽子

有子

1　曽子（曽参）

姓は曽《そう》。名は参《しん》。字は子輿《しよ》。孔子より四十六歳若い。孔子に「魯」（のろま）と評されたが、「日に三省する」ほど、自己反省と慎重な行動をとり、人格の修養に努めた。孔子の晩年には、孔子の孫の孔伋《こうきゅう》（字は子思）の師をまかせられた。父母に対する孝心の篤さと孔子の忠恕の道を伝えた功績が評価されている。

一　子曰、参乎、吾道一以貫ㇾ之。曾子曰、唯。子出。門人問曰、何謂也。曾子曰、夫子之道忠恕而已矣。

（里仁一五）

子曰《しい》はく、参《しん》や、吾《わ》が道《みち》は一以《いつもつ》て之《これ》を貫《つらぬ》く。曾子曰《そうしい》はく、唯《ゐ》。子出《しい》づ。門人問《もんじんと》ひて曰《い》はく、何《なん》の謂《いひ》ぞや。曾子曰《そうしい》はく、夫子《ふうし》の道《みち》は忠恕《ちゆうじよ》のみ。

【現代語訳】先生が言われた。「曾子よ、わが道は一つのことで貫いた生涯だったな。」曾子が「はい」と答えた。先生が退出された。若い門人たちが（曾子に）尋ねた。曾子は言った。「先生の道は、まごころと思いやり（仁）で貫かれた生涯だったのだよ。」

【語釈】
吾道一以貫之　わが道は一つのことで貫かれている。
唯　「はい」という返事。心に迷いがなく即答すること。
子出　先生がその場を退出された。
門人　曽子の門人。清の朱彝尊《しゅいそん》は「門人」とは「弟子の弟子」つまり「又弟子」だとする。
何謂也　どういう意味のことをおっしゃったのですか。
夫子之道　先生の説かれる道。
忠恕而已矣　まごころと思いやりだけですよ。「忠」は自分のまごころを尽くすこと。「恕」は相手のことを思いやること。「忠」と「恕」とはつきつめれば愛となり、人に対する同情の働きとなる。朱子は「己を尽くすを忠と謂ひ、己を推すを恕と謂ふ」という。したがって二つで一つ、つまり仁になり、孔子が生涯求めてやまないものとなる。

【解説】この章の孔子と曽子の師弟間の会話や対応に、孔子の思想が後世へ伝えられていく重要な場面を見い出すことができる。孔子は生涯を通して一貫した道を求め、その実践に全力を尽くしてきた。つまり「仁」という語に、新たな価値観を取り入れ、人々の安定した生活の実現を希求した生涯だったといえよう。ところで、孔子の思想の「核」である「仁」について、顔淵・仲弓などが「問仁」と、それぞれが個別に「仁」について尋ねている。それに対して、孔子が語った「仁」は、それぞれの弟子たちが「仁」に到達すべき実践方法・行動規範であり、「仁」の概念規定・理論を述べていない。したがって弟子たちにとって「仁」とは何ぞやという概念を明確にする必要に迫られる。曽子は「一貫の道」すなわち「仁」を「忠恕」ととらえ「まごころと思いやり」だと、より理解しやすい「仁」として受け止めている。また、孔子は、子貢に対して「一言で生涯生きていくことのできる言葉」を「恕（思いやり）」だと述べている。つまり、孔子の直弟子たちが、師から直接聞いた「仁」「礼」「孝」などの実践方法や行動規範を集約していき、概念規定が形成されていく。つまり、「仁」については、顔回には「克己復礼」、仲弓には「己の欲せざる所は、人に施すことなかれ」と孔子は述べている。それらを集約すると曽子が理解した「忠恕」、子貢が聞きとった「恕」が「仁」の核心に位置する概念となって、後世へ伝承されていく。弟子たちの叡智を探求することが、『論語』を読み解く鍵をにぎっている。

二　曾子有レ疾。召二門弟子一曰、啓二予足一、啓二予手一。詩云、戦戦兢兢、如レ臨二深淵一、如レ履二薄冰一。而今而後、吾知レ免夫、小子。

（泰伯三）

曾子《そうし》疾《やまひ》あり。門弟子《もんていし》を召《よ》びて曰《い》はく、予《わ》が足《あし》を啓《ひら》け、予《わ》が手《て》を啓《ひら》け。詩《し》に云《い》ふ、戦戦兢兢《せんせんきようきよう》として、深淵《しんゑん》に臨《のぞ》むが如《ごと》く、薄冰《はくひよう》を履《ふ》むが如《ごと》しと。而今《いま》よりして後《のち》、吾《われ》免《まぬか》るることを知《し》るかな、小子《せうし》。

【現代語訳】曾子が病気で重体に陥った。門人たちをよび集められて言った。「わが足を見よ、わが手を見よ。『詩経』の言葉に『おそれおののき、心をいましめる、底知れぬ淵をのぞむように、薄き氷の上をわたるように』とあるが、父母から授かった身体を大切に扱ってきた。これから先、私はもうそのような心配をしなくともよくなった、若者たちよ。」

【語釈】

疾　病気（危篤の状態の病気）。

門弟子　門人と弟子。

啓予足　「啓」は開く。

古注・新注ともに「啓」は「開」。王念孫は「啓」は「瞀」と同じで「視る」こととする。ふとんを開いて足を見よ。

詩云　『詩経』「小雅」の小旻《びん》篇。

戦戦兢兢　恐れおののき心を戒めること。

如臨深淵　踏み誤れば落ちてしまうことを恐れるたとえ。

而今　いまこのとき。

知免　災難や刑罰から幸運にも免れる。

小子　若い門人。

【解説】『論語』には孔子の臨終の言葉や様子についての

記載は皆無である。ところが曽子には二章臨終の言葉が掲載されている。この章は「父母から授かった肉体を傷つけず、生涯を過ごすことが孝である」と後に『孝経』の第一章、開宗明義章の「身体髪膚《しんたいはっぷ》之《これ》を父母に受く、敢へて毀傷《きしょう》せざるは孝の始めなり」と孝の原義となる章である。

あと一章は魯の大夫、孟敬子が曽子の病気の見舞に訪れたときの言葉であるが、日常生活において心がける三つのことを述べている。第一に立ち居振舞いに気をつけること。第二に顔つきをきちんとすること。第三に話すときの語気に注意すること。孟敬子が個人的に留意すべきことを臨終の言葉として伝えている。この章で、孟敬子に三つの注意すべき点を述べる前に、「鳥の将《まさ》に死なんとするや、其の鳴くや哀し。人の将《まさ》に死なんとするや、其の言ふや善し。」と述べているが、この言葉のなかに、孔子の伝承者として師の遺言を伝えようとする万感の思いを曽子は吐露している。後述の泰伯篇の「士は以て弘毅ならざるべからず」の章と併せて曽子の臨終の言葉を読み味わってみると、『原論語』として言行録の形をなす前の、身命を賭して師の言行を後世へと伝承しようとする、曽子の情熱が感得されてくる章である。

三 曾子曰、士不レ可三以不二弘毅一。任重而道遠。仁以為二己任一。不二亦重一乎。死而後已。不二亦遠一乎。（泰伯七）

曾子《そうし》曰《い》はく、士《し》は以《もっ》て弘毅《こうき》ならざるべからず。任重《にんおも》くして道遠《みちとほ》し。仁以《じんもっ》て己《おのれ》が任《にん》となす。亦重《またおも》からずや。死《し》して後《のち》に已《や》む。亦遠《またとほ》からずや。

【現代語訳】曾子が言った。「士は心が広く、忍耐強い意志をもたなければならない。その任務は重くて（目標とする）道が遠いからである。仁を身につけ、社会にいきわたらせることが任務である。何と重いことだろう。（そしてその任務は）死ぬまで努力し続けて終わるのだ。何と遠い道ではないか。

【語釈】

弘毅　心が広く意志の強いこと。

【補説】春秋時代の諸侯の国では、自由民として卿《けい》・大《たい》夫《ふ》・士《し》・庶民の四つの階層があったといわれる。孔子の時代には、上層の卿・大夫が没落して「士」となり、一方では、庶民のなかから文・武の才能により、新たな階層の「士」が出現してくる。孔子はおもに「君子」を理想的な人格者として論じ、「士」についてあまり論じていない。曾子が「士」をとりあげているのは、時代の変化により、新興階級としての「士」の役割や位置づけが重要な意味をもつようになった証拠といえよう。

【解説】泰伯篇で曽子の言葉が五章続けて掲載されている。五章の最後のこの章について、吉川幸次郎は次のように述べている。「記録されて来た曽子の言葉のうち、この条はもっともすぐれる。あるいは『論語』全部の中でも、もっともすぐれた条の一つであろう。」

孔子の道の継承者としての重責を背負い、後世へ伝承していかなければならない責任感が、この章に凝縮して表明されている。曽子の情熱が二千五百年の歳月を経ても、ひしひしと伝わってくる章句である。

四　曾子曰、吾聞㆓諸夫子㆒。人未㆑有㆓自致者㆒也。必也親喪乎。（子張一七）

曾《そう》子《し》曰《い》はく、吾《われ》諸《これ》を夫《ふう》子《し》に聞《き》けり。人《ひと》未《いま》だ自《みづか》ら致《いた》す者《もの》有《あ》らざるなり。必《かなら》ずや親《おや》の喪《も》か。

【現代語訳】曾子が言った。「私は先生から聞いたことがある。『人は自分の力だけでは究極の境地に到達できるものではない。しかし親の喪に対しては心の底から悲しみを尽くし、親の死後の孝養を尽くす境地に達することができるのだ。』」

【解説】この章において注目すべき点は、弟子たちのなかで、「吾諸《これ》を夫子に聞けり。」と直接、師から聞いた言葉だと明記していることである。『論語』の成立は孫弟子（三伝の弟子）から五伝くらいの孟子の活躍する前後の時期に『原論語』として成立したとする説が最古である。直弟子のなかで、子貢・曽子・有子・子夏・子張らは、かなりの伝聞資料を保有していたと思われる。量的には三年の喪を二回墓前で行った子貢。そして孔子の孫、子思と魯にいて、伝聞資料を収集していた曽子が群を抜いて所持していたと想像できる。漢の時代まで伝承されて存続した斉論語・魯論語の原型が子貢の末流の門弟や曽子の末流の門弟によって形成された可能性が充分考えられる。ただ、魏の何晏《かあん》の『論語集解《しっかい》』が編纂されるまでの期間（戦国時代〜後漢時代）に『原論語』（から派生した斉論語・魯論語）が伝播・流布する課程で竄入・加筆などの後の時代の手が加わっていることもありえる。『原論語』を解明するためには、直接孔子から聴取したという伝聞資料を掲載する章は、重要な意味をもっている。

五　曾子曰、慎ㇾ終追ㇾ遠、民徳帰ㇾ厚矣。　（学而九）

曾子《そうし》曰《い》はく、終《をは》りを慎《つつ》しみ遠《とほ》きを追《お》はば、民《たみ》の徳厚《とくあつ》きに帰《き》す。

【現代語訳】曾子が言った。「君子（政治的に指導的な立場の人）が葬式の礼をおろそかにせず、遠い祖先の祭祀を丁寧に行えば、民衆の人情・気風が心やさしく篤くなってくる。」

【語釈】

慎終　父母の死に対して、哀しみを尽くし葬儀の礼を心をこめてつとめる。この時代には、民衆の模範としての存在の、卿（貴族）や大夫（国政担当の大臣）などが、兄弟で君主の座を争い、家臣が君主を殺害することが多発し、葬儀がおろそかにされていた。

追遠　何代も前の遠くなった先祖。

【解説】孔子がその生涯にわたり、社会にいきわたらせようと情熱を注いで説いてきた「礼」と「仁」。曽子は「礼」の根底に、父母への孝を据えた人間愛あふれる「仁」の社会の実現をめざし、孔子の思想を後世へ伝承する決意を述べている。それゆえに人格を磨き修養につとめ、終生仁の確立を目標とした実践をした。

六　曾子曰、君子以レ文会レ友、以レ友輔レ仁。

（顔淵二四）

曾子《そうし》曰《い》はく、君子《くんし》は文《ぶん》を以《もつ》て友《とも》を会《くわい》し、友《とも》を以《もつ》て仁《じん》を輔《たす》く。

【現代語訳】曾子が言った。「君子は学問によって友だちとともに集まり学び、友人との交わりによって人間性の陶冶を行い、仁の確立をめざす。」

【語釈】

文　詩・書・礼・楽という孔子が晩年、弟子たちに力を入れて伝えようとした学問。

【解説】学問精進によって人格を磨き、君子をめざすことが孔子の教えである。君子と君子が友となり社会を円満にする、これこそ孔子の理想とする仁の実現につながると曽子は主張するのである。

七　曾子曰、以レ能問二於不能一、以レ多問二於寡一、有若レ無、実若レ虚、犯而不レ校。昔者吾友嘗従二事於斯一矣。（泰伯五）

曾子《そうし》曰《い》はく、能《のう》を以《もつ》て不能《ふのう》に問《と》ひ、多《た》を以《もつ》て寡《くわ》に問《と》ひ、有《あ》れども無《な》きが若《ごと》く、実《み》つれども虚《むな》しきが若《ごと》く、犯《をか》さるるも校《かう》せず。昔者吾友《むかしわがとも》嘗《かつ》て斯《ここ》に従事《じゆうじ》せり。

【現代語訳】 曾子が言った。「能力があっても（わからないことがあれば）能力の低い人にも質問する。広い知識をもちながら、知識の乏しい人にも意見を求める。才能がありながら（ひけらかさず）才能のないように振る舞い、満ちあふれた人柄のよさを身につけていても、謙虚な心おだやかな態度をもち続け、他の人から道にはずれたことをされても、争うことをしない。むかし私の友人であった顔回は、そのような態度や行動をとったものだ。」

【語釈】

校　相手に仕返しをする。争う。

【解説】「吾友」について、顔回を指すとする説、複数の顔淵・仲弓・子貢らの友人、あるいは、孔門の弟子のすべての人たちとする諸説がある。この章句を孔子没後の人間関係に視点をあてて考えてみると、礼派といわれる子夏・子游・子張は有子が容貌が師、孔子に似ているという理由で、後継のリーダーにしようとする動きがあった。しかしながら、晩年の孔子が天を仰ぎ、絶望の言葉をもらした顔回の死を考えたとき、徳行の誉れ高い顔回こそが、後継者として最有力な人物であると曾子は考えていた。曽子の心情としては、私は顔回の足もとにも及ばない人物であるが、孔子の遺志を継ぐ顔回は今は亡き人となった。それだからこそ、顔回の遺徳を慕いつつ、顔回の想い出を語ることによって、ひそかに決意を述べているのである。

八　曾子曰、君子思不レ出二其位一。（憲問二八）

曾子《そうし》曰《い》はく、君子《くんし》は思《おも》ふこと其《そ》の位《くらい》を出《い》でず。

【現代語訳】 曾子が言った。「君子は思慮深く適切な考えをもっていても、職務以外のことには口を出してはならない。」

【解説】 この章の前に、「子曰《しい》はく、其《そ》の位《くらい》に在《あ》らざれば、其《そ》の政《まつりごと》を謀《はか》らず」と孔子は「その地位にいなければ、政策や政務についてさし出がましい口を出すべきではない」と言う。その意見を曽子が「君子は」と主語に置きかえて述べている。

この章について自分の職だけに専念すればよいという利己的な態度ではなく、ここでは、政治的に実践する人たちの苦労を知らず、勝手な批評家的な立場で発言していると、政治的な停滞と混乱を生ずることになると曽子は述べているのである。

九　孟氏使三陽膚為二士師一。問二於曾子一。曾子曰、上失二其道一、民散久矣。如得二其情一、則哀矜而勿レ喜。（子張一九）

孟氏《まうし》陽膚《やうふ》をして士師《しし》たらしむ。曾子《そうし》に問《と》ふ。曾子《そうし》曰《い》はく、上《かみ》其《そ》の道《みち》を失《うしな》ひ、民散《たみさん》ずること久《ひさ》し。如《も》し其《そ》の情《じやう》を得《え》ば、則《すなは》ち哀矜《あいきよう》して喜《よろこ》ぶこと勿《な》かれ。

【現代語訳】孟孫氏が陽膚を司法長官に任命した。（陽膚がその心がまえを曾子に尋ねた）曾子が言った。「上に立つ人が道義を失っているので、民衆は村里を離散して、流浪の民となり法が乱れることが長きにわたっている。（法を犯した人物を逮捕して）もしその犯行の事実が究明できても、民衆に対して哀しみ・あわれみの気持ちを抱き、決して得意になってはならない。」

【語釈】

士師　裁判官の長官。

陽膚　曾子の弟子といわれるが、人物については不詳。

民散　悪政のために村里を捨てて流民となる。

哀矜　あわれむこと。

【解説】この章は、孔子の晩年、弟子の子游が武城の宰となったとき、孔子は門弟子を連れて、武城に表敬訪問をしたことがある。そこでは、民衆を礼楽によって教化し、指導者の徳で治める政治が行われていた。曾子が陽膚に対して政治的指導者の心がまえとして、民衆の側に立ち、徳治で政治を行うようにと忠告している。

孔子が理想とする政治を、曾子は陽膚に実践するように申し伝えているのである。

コラム　曽子

『論語』において、孔子と曽子の対話らしい対話は里仁篇の一章だけである。『論語』において、曽子を取りあげた章は十五章ある。「曽子曰」が十章。「曽子有疾」が二章。他の二章は「参也魯」（先進篇）の孔子の評語と「孟氏使陽膚為士師」（子張篇）である。曽子は、孔門の十哲には入っていない。けれども孔子の死及び臨終の言葉が『論語』にはないのに、曽子の臨終の言葉が二章にわたってある。

若い頃の曽子は「参や魯なり」（先進篇）といわれ、「魯」は「のろい・おそい」という意味で用いられ、おそらく、孔子から見ると「のみこみが遅い」と感じられたであろう。しかし曽子は「三省」という孔子の教えを自ら体得するための想像を絶する努力をしている。この努力が、孔子の晩年及び没後において門弟たちに、師と同じように、曽子（曽先生）と敬称で呼ばれることになったのである。さらに、孔子の孫、孔伋《きゅう》（字は子思）の師となり、子思とともに孔子の思想を後世へ伝える功績をあげている。

　孔子は弟子たちとの対話や教えを伝えるとき、門弟たちの性格や能力に応じて言葉を投げかけ、語る内容が弟子たちに理解できるよう意志の疎通をはかっている。孔子の最高の徳の「仁」についても、弟子たちの顔淵・仲弓らが「問仁」と孔子に尋ねている。それに対して、孔子の説明は、それぞれについて異なり、統一のないように思われる。けれども孔子は観念的な説明をしないが、「仁」についての核心部分は同一である「仁」に至る具体的な実践方法を語っている。

　このことについて、小倉紀蔵は「仁に対して孔子は一回も定義していない。仁というのは、普遍的な道徳ではなく、ある特殊な人間と人間との関係、ある特殊なシチュエーションであらわれるものである。」と述べている。小倉紀蔵の指摘に「仁は普遍的な道徳ではない」とあるが、今日では「仁」を人間愛とか人間らしい愛の心としてとらえている。

　曽子が「参《しん》や吾《わ》が道一以《みちいつもっ》て之《これ》を貫《つらぬ》く」（里仁篇）と門弟たちに語った。ところが、この言葉の意味がわからず、門弟たちは曽子に尋ねた。曽子は「夫子《ふうし》の道は忠恕《ちゅうじょ》のみ」と解説している。「忠」は自己に対する誠実さ。「恕」は他人に身になって考える思いやり。孔子が「わが道」＝「仁」ととらえた内容を、曽子は「忠恕」（まごころと思いやり）と解釈しているのである。この曽子の「忠恕」が、今日では人間愛、人間らしい愛として「仁」の定義となっている。曽子の功績は、孔子の思想を普遍的な実践論へと展開したことにある。

　曽子は孔子の孫の子思の師として、子思とともに孔子の思想を後世へと伝承する重要な役割を果たしている。孔子没後、百年後に孟子が曽子・子思の遺志を継承し、孔子を大いに顕彰した。孟子の時代に『原論語』が形成されていたことから判断して、曽子の貢献ははかりしれないものがある。曽子の臨終の言葉が掲載されたこととの関連性を考察してみる必要があるだろう。

注　本節においては、原文・書き下し文・現代語訳では「曾子」を用い、語釈・解説などでは「曽子」を用いた。

2 有子（有若）

姓は有《ゆう》。名は若《じゃく》。字は子有《しいう》。孔子より十三歳（一説に三十三歳、または三十六歳）若い。孔子の主張を理想づけしようとしている。聡明で、孔子の容姿言動に似ているといわれ、孔子の没後、身代わりに師事しようとする門人がいた。

十 有子曰、礼之用和為㆑貴。先王之道斯為㆑美。小大由㆑之、有㆑所㆑不㆑行。知㆑和而和、不㆓以㆑礼節㆒㆑之、亦不㆑可㆑行也。（学而一二）

有子曰《いうしい》はく、礼《れい》の用《よう》は和《わ》を貴《たつと》しと為《な》す。先王《せんわう》の道《みち》も斯《こ》れを美《び》と為《な》す。小大之《せうだいこれ》に由《よ》れば、行《おこな》はれざる所《ところ》有《あ》り。和《わ》を知《し》りて和《わ》すれども、礼《れい》を以《もつ》て之《これ》を節《せつ》せざれば、亦行《またおこな》ふべからざるなり。

【現代語訳】 有子が言った。「礼のはたらきには調和が大切である。むかしの優れた王たちの道は礼にかなっていて、すばらしいものだった。しかし大小にかかわらず、調和によっているとうまくいかないこともある。調和の大切さを知って調和をはかっても、礼で折り目（節制）をつけなければ、うまくいかなくなるのだ。」

【補説】 古注では、「礼は之《これ》和を用《もつ》て貴しと為す」と「用」を「以」と読んでいる。新注では「用」は「運用・はたらき」の意として「礼の用は和を貴しと為す」と読んでいる。

【解説】 この章の有子の言葉は難解で、しかも古注・新注をはじめ、諸注釈の解釈が多様で諸説紛紛たる状況である。有子独特の論理展開という観点に立って考えてみると、朱子の新注のとらえ方が適切である。つまり、この章の有子の礼論について、従来の解釈は漢代の『儀礼』や『礼記』などの礼論に基づき解釈されてきた。そのために論理的な矛盾がある、あるいは、内容的に筋が通らない独断的な礼説だと批判されてきている。ところが、孔子自身「礼」の重要性を説きながら、人によって説明の仕方が異なるために、礼の概念が多面的で、さまざまな要素を包含することになってくる。有子は孔子の晩年から没後数年間に、孔子の「礼」の概念の理論を構築しようとしたと考えたとき、有子が理論化を試みた一端が見えてくる。

孔子は血族や地域という限定された共同体における対人関係や行動のあり方を「礼」として、秩序ある社会をめざし、弟子たちや多く人たちに熱心に語り、礼のいきわたった社会を希求した。

孔子の説いた「礼」についての先学の研究成果は、次の六項目の「礼」にまとめることができる。

①行儀作法としての礼。
②人格確立のための礼。
③身分関係としての礼。
④社会規範としての礼。
⑤祭祀儀礼としての礼。
⑥国家の社会文化制度としての礼。

この「礼」が社会のすみずみにまでいきわたるためには、個人に求められる、次の二つのことが重要となり、孔子は弟子たちに、その実践を強く求めている。

一、仁に基づく人間行動としての礼。
顔淵仁を問う。礼に非ざれば、「視」「聴」「言」「動」勿《なか》れ。（顔淵篇）

二、社会公共の秩序にかなった礼。
恭にして礼なければ則ち労す。
慎にして礼なければ則ち葸《おそ》る。
勇にして礼なければ則ち乱る。
直にして礼なければ則ち絞《せま》し。（泰伯篇）

有子は、孔子が主張する二つの「礼」の教えについて、理論づけようとしている。人間が行動を起こし、対人関係が生じたとき、「礼」がなければ人間関係はうまく成り立たない。「礼」は対人関係における絶対的な基本原理である。「礼」のはたらきには「和（調和）」が大切である。人間の集団活動に調和の原理がはたらけば、社会秩序は安定し、人間関係も円滑となる。しかしながら、調和に固執していると「礼」はいきづまり、崩れてしまう。そこで、有子は「礼」と「和」の存立のために「節」を取り入れる。つまり、有子は節制という自己抑制の機能が各個人のなかにあることに着目し、多くの人は感情や思惑などを制御・統制している。その「節」の機能を効果的に作用させることによって、礼と和がうまく機能するという説を提示したのである。

十一　有子曰、其為レ人也、孝弟而好レ犯レ上者鮮矣。不レ好レ犯レ上而好レ作レ乱者、未ニ之有一也。君子務レ本。本立而道生。孝弟也者、其為ニ仁之本一与。（学而二）

有子《いうし》曰《い》はく、其《そ》の人《ひと》と為《な》りや、孝弟《かうてい》にして上《かみ》を犯《をか》すことを好《この》む者《もの》は鮮《すく》なし。上《かみ》を犯《をか》すことを好《この》まずして乱《らん》を作《な》すを好《この》む者《もの》は、未《いま》だ之《こ》れ有《あ》らざるなり。君子《くんし》は本《もと》を務《つと》む。本立《もとた》ちて道生《みちしやう》ず。孝弟《かうてい》なる者《もの》は、其《そ》れ仁《じん》の本《もと》たるか。

【現代語訳】有子が言った。「その人柄が、よく父母に仕え、兄や目上の人にすなおに従いながら、しかも目上の人にそむこうとする人はめったにいないね。目上の人にそむくことをきらいながら、しかも社会の秩序を乱すことを好む者はまだ聞いたことはない。立派な人間は根本を大切にする。根本が確立すれば、すべての事柄は開けてくる。親思いで、兄や目上の人に従順であることが、仁を実践する根本であろうか。」

【語釈】

其為人也　その人柄が。

孝弟　父母によく仕えることを孝といい、兄や目上の人によく仕えることを弟という。

好犯上者鮮矣　目上の人に反抗することを好むものはきわめて少ない。

好作乱者　社会の秩序を乱すことを好む者。

未之有也　まだ一人もいない。

君子務本　徳ある人は根本となるものに力を注ぐ。

本立而道生　根本が確立すれば、すべてのことは自然と開けてくる。

其為仁之本与　仁の徳を実践する根本であろうか。

「為仁之本与」について読み方に二説ある。

古注「仁の本為《た》るか」と読み、「孝と弟は仁の徳の根本であろうか」と解釈する。

新注「仁を為すの本か」と読み、「孝と弟は仁を実践する根本であろうか」と実践的に解釈する。

【解説】有子は、孔子が主張した思想や概念を、多くの孔子の直弟子から聴取し、整理・統合して後世へ伝えるための理論化に情熱を注いでいる。有子は、人間の根源にある「徳」に着目する。その「徳」の核心にある「本（根本）」を確立すれば、「道（絶対的な真理）」が開けてくる。「道」は人間の本質でもある「仁」と置きかえることができるが、「孝弟」こそが「仁」の実践の根本であると有子は理論づけるのである。

徳（務本）→本立而道生→道（仁）の実践の根本（孝弟）となる。

つまり有子は人間の徳の根源に、家族道徳の「孝弟」を据えて、「孝弟」を出発点として、実践することにより道（仁）をめざす。そのことが「君子」という孔子の理想とすべき人格へと導くものだと考えていた。

十二　有子曰、信近二於義一、言可レ復也。恭近二於礼一、遠二恥辱一也。因不レ失二其親一、亦可レ宗也。

（学而一三）

有《いう》子《し》曰《い》はく、信義《しんぎ》に近《ちか》づけば、言復《げんふ》むべきなり。恭礼《きようれい》に近《ちか》づけば、恥辱《ちじよく》に遠《とほ》ざかるなり。因《よ》ること其《そ》の親《しん》を失《うしな》はざれば、亦宗《またそう》とすべきなり。

【現代語訳】有子が言った。「約束を守る誠実さをもち、正しさを貫いていれば、言葉通りに実行することができる。人に対してつつしみ深く従順な態度で、礼をわきまえて行動すれば、他人から恥辱を受けない。たよりにする人間を選ぶのに、親しさのバランスを崩さなければ、固い絆が維持できる。」

【語釈】

信　約束をたがえないこと

義　正しさ。正義。

言可復　言葉通りに実行できる。

恭　慎み深く従順なこと。

因　たよりにすることのできる人。親を含めた姻戚関係。

親　親しさ。親密度。

宗　固い信頼関係が生まれる。

【解説】有子は徳の成立する根源について理論を展開した。まず第一に「信」（約束を守ること）が人間の徳のなかの「義」（正義をふみはずさないこと）に近ければ、言葉通りに実行できる。次に、「恭」（うやうやしさ）という相手に対する配慮ある行動が、人間の本質として備わる徳のなかの「礼」に近ければ、人から恥辱を受けることはない。最後に、人間関係で最重要な「因」（親を含めた姻戚関係）において、「親を失わず」（人間関係の依存のバランスを絶妙に保つこと）ができれば、人間関係に固い絆が生まれる。

貝塚茂樹は次のような説を述べている。「有子の言は、信・恭・因（姻）という徳の成立する根源、つまり「本」を考え、その徳の実現する限界を設定している点において、孔子の弟子のなかではすこぶる理論的だといえる。」

『論語』冒頭の学而篇、十六章のなかで、有子曰の章が三章もあることは、孔子没後における有子の存在感の大きさを表しているとも考えられる。とくに冒頭の四章は、「子曰」→「有子曰」→「子曰」→「曽子」と師の孔子の言葉のあとに理論派（礼派）と主観派（忠恕派）の言葉が掲載されている。

十六章の構成は次のようである。

「子曰」……八章
「有子曰」……三章 ｝理論派（礼派）
「子夏曰」……一章 ｝
「子貢曰」……二章 ｝（子禽問於子貢曰・子貢曰）
「曽子曰」……二章 ｝主観派（忠恕派）

学而篇は『論語』冒頭の章であるが、孔子とその弟子たちの絶妙なバランスの上に成り立っていることを表わしている。

十三　哀公問㆓於有若㆒曰、年饑用不㆑足。如㆑之何。有若対曰、盍㆑徹乎。曰、二吾猶不㆑足。如㆑之何、其徹也。対曰、百姓足、君孰与不㆑足。百姓不㆑足、君孰与足。（顔淵九）

哀公《あいこう》有若《いうじやく》に問《と》ひて曰《い》はく、年《とし》饑《う》ゑて用《よう》足《た》らず。之《これ》を如何《いかに》せん。有若《いうじやく》対《こた》へて曰《い》はく、盍《なん》ぞ徹《てつ》せざるや。曰《い》はく、二《に》だに吾《われ》猶《な》ほ足《た》らず。之《これ》を如何《いかん》ぞ、其《そ》れ徹《てつ》せんや。対《こた》へて曰《い》はく、百姓《ひやくせい》足《た》らば、君《きみ》孰《たれ》と与《とも》にか足《た》らざらん。百姓《ひやくせい》足《た》らずば、君《きみ》孰《たれ》と与《とも》にか足《た》らん。

【現代語訳】魯の哀公が、有子に尋ねられた。「今年は飢饉で、財源が不足している。どのようにしたらよいだろう。」有子がお答えした。「どうして徹（十分の一税）になさらないのですか。」哀公は（驚きながら）言われた。「十分の二の税を取りたてても不足するのに、十分の一の税にしたらどうなるだろう。」有子がお答えした。「民衆の生活が満ち足りていれば、哀公は、だれに向かって満ち足りないといわれるのですか。民衆の生活が満ち足りていないならば、哀公は、だれに向かって満ち足りるといわれるのですか。」

【語釈】

徹　農民の収穫の十分の一を税金として取りたてる。周の税法で、この当時、天下に通ずる税法だといわれている。

【解説】哀公は飢饉という、目の前の財政不足を補うために、税による収入によって財政を安定したものにしようとしている。それに対する有子は、今民衆に重税をかければ、民衆は生活が困窮して、生産意欲も失い疲弊する。他国への亡命や逃散が頻発して、いっそう国家財政が破綻する。このような緊急な事態にこそ哀公や側近の宰相や官吏が国家事業を減らして節税に務め、危機的な財政を健全化することが大切だと述べている。

コラム　有子

弟子のなかで、有子ほど年齢の違いについて諸説のある弟子は、他にはいない。

孔子より十三歳若いとする説が一般的であるが、『孔子家説』では、三十三歳・三十六歳若いとする説。『史記』仲尼弟子列伝では、四十三歳とする。説の違いによって三十歳も年齢差のある弟子はいない。これは、どうしてそのような違いが生じたのかといえば、十三歳若いとする説は孔子没後において、有子が長老格であったとすることによっている。一方、四十三歳若いとするのは、子夏は四十四歳。子游四十五歳。曽子四十六歳。子張四十八歳。それぞれ孔子より若いとする、若手のホープ孔子没後における有子の存在感があったとすることによる。子夏・子游・子張が有子が〝聖人（孔子）〟に似ていることによって、今まで孔子にお仕えしたように、有子を身代わりとして仕えたいと曽子の同意を求めた。曽子は、「師の孔子の高潔な人格は一点の汚れもないほど潔白であり、師の孔子は身代わりを置くべき人ではない」と断固反対したことが『孟子』滕文公上篇に述べられている。

有子は『論語』に四章しか掲載されていないが、四章のうち三章が、『論語』冒頭の学而篇に掲載されていることは注目に値する。ただ、有子の学而篇の三章は、諸先学も解釈するのに難解だと述べ、有子を頭のよくない弟子だとする説もあるほどである。

けれども、『論語』において「有子」「曽子」「冉子（冉有）」「閔子（閔子騫）」の四人の弟子は「孔子」と同じように敬称をつけて呼ばれている。

有子は呉軍が攻めてきたとき、魯軍は志願兵を募った。有子は一兵卒として出陣したと『春秋左氏伝』哀公八年にある。若手の子夏・子游・子張に支持される長老的存在として、聡明で記憶力もよく、理論づけに挑戦しようした有子の、孔子の思想を後世へ伝承した功績は大いに評価されるべきであろう。

付録一　孔子の生い立ちとその生涯

	孔子年齢	魯公在位年	孔子の生涯	門弟子の生涯	歴史的事件
前六五一					斉の桓公が葵丘《ききゅう》に諸侯を集め、覇者となる
前五九八					楚の荘王が王を僭称する
前五五四					鄭の子産が宰相となる
前五五二	一	襄公二一	孔子誕生		
五五一	二	二二	『史記』孔子誕生〔欄外参照〕		
五五〇	三	二三	父の叔梁紇死す		魯の三桓氏の権勢が確立する
五四八	五	二五			斉の荘公を家臣の崔杼《さいちょ》が弑す
五四七	六	二六	礼容を好み、祭祀《さいし》のまねをして遊ぶ		
五四六	七	二七		冉伯牛生まる	
五四三	一〇	三〇		子路生まる	
五三九	一四	昭公三		有若生まる	
五三八	一五	四	学に志す		
五三七	一六	五		閔子騫生まる	
五三六	一七	六			

五三四	一九	八	宋の幵官《けんかん》氏の女《むすめ》と結婚		
五三三	二〇	九	孔子の子、鯉の誕生		
五二九	二四	一三	母顔徴在死す		
五二三	三〇	一九		仲弓・宰我・冉有生まる	
五二二	三一	二〇		顔回生まる	
五二一	三二	二一		子貢生まる	
五一七	三六	二五	昭公のあとを追って斉に遊学		昭公が三桓氏に敗れ、斉に亡命
五一六	三七	二六	斉より魯に帰る		
五一三	四〇	二九	孔子のもとに弟子が集まる		
五一一	四二	三一		公西華生まる	昭公が亡命先の斉の乾侯の地で死去
五〇八	四五	定公二		子夏生まる	
五〇七	四六	三		子游生まる	
五〇六	四七	四		曽参生まる	呉の闔廬が楚の都郢《えい》に入城
五〇五	四八	五	魯の季氏の宰 陽虎が仕官をすすめる	子張生まる	
五〇二	五一	八	魯の公山弗擾《ふつじょう》が孔子を招く。三桓氏が陽虎を攻める		
五〇一	五二	九	定公に召され中都の宰（郡長）となり、ついで司空（民事をつかさどる官）となる		
五〇〇	五三	一〇	定公の相として斉と夾谷《きょうこく》に会し、魯の国威をあげる		斉の宰相晏嬰《あんえい》死去
四九八	五五	一二	司寇《しこう》（法務大臣）となり、宰相代理として国政に参画		

四九七	五六	一三	斉が女楽（女子舞踊団）八十名を送る。魯公と季桓子《きかんし》これを受けて朝政を廃す。孔子は魯を去って衛に行く	
四九六	五七	一四	孔子衛の南子に会う。衛から陳へ行く途中「匡人《きょうひと》の難」	衛の内乱（太子蒯聵、宋へ亡命）
四九二	六一	哀公 三	宋に行こうとして「桓魋《かんたい》の難」にあう	
四九〇	六三	五	陳から蔡《さい》に移り、葉《しょう》に行く。葉公と会い正直論争をする	
四八五	六八	一〇	孔子の妻（幵官氏）死す	
四八四	六九	一一	季康子が魯への帰国を促し、衛から魯に帰る	
四八三	七〇	一二	孔子の冉有に対する叱責発言	
四八二	七一	一三	長男鯉死す。顔回死す	斉の田常が簡公を弑す
四八一	七二	一四	魯の哀公が狩して麟を捕獲する	
四八〇	七三	一五	子路が衛で死す	
前四七九	七四	一六	孔子死す。魯の城北泗水《しすい》のほとりに葬られる。弟子たちは三年の喪に服す。子貢は三年の喪が終わったあとも墓の側に庵《いおり》すること三年の後に去る。孔子の墓の周囲には集落ができ、孔里と呼ばれる	

孔子の生誕については次の二説がある。

一、魯の襄公二一年（前五五二）生まれ。七十四歳逝去。（『春秋』穀梁伝・公羊伝）

二、魯の襄公二二年（前五五一）生まれ。七十三歳逝去。（『史記』孔子世家）

この二説については定説がなく、両説に分かれて年表が掲載されている。折衷案として、孔子は（前五五二または前五五一～前四七九）に生存し、七十三～七十四歳の生涯であったとする。

この年表は『大漢和辞典』（巻三の八〇三～八〇五頁の孔子年譜）に基づき作成したものである。

付録二　孔子の家系図および孔子にかかわる地名

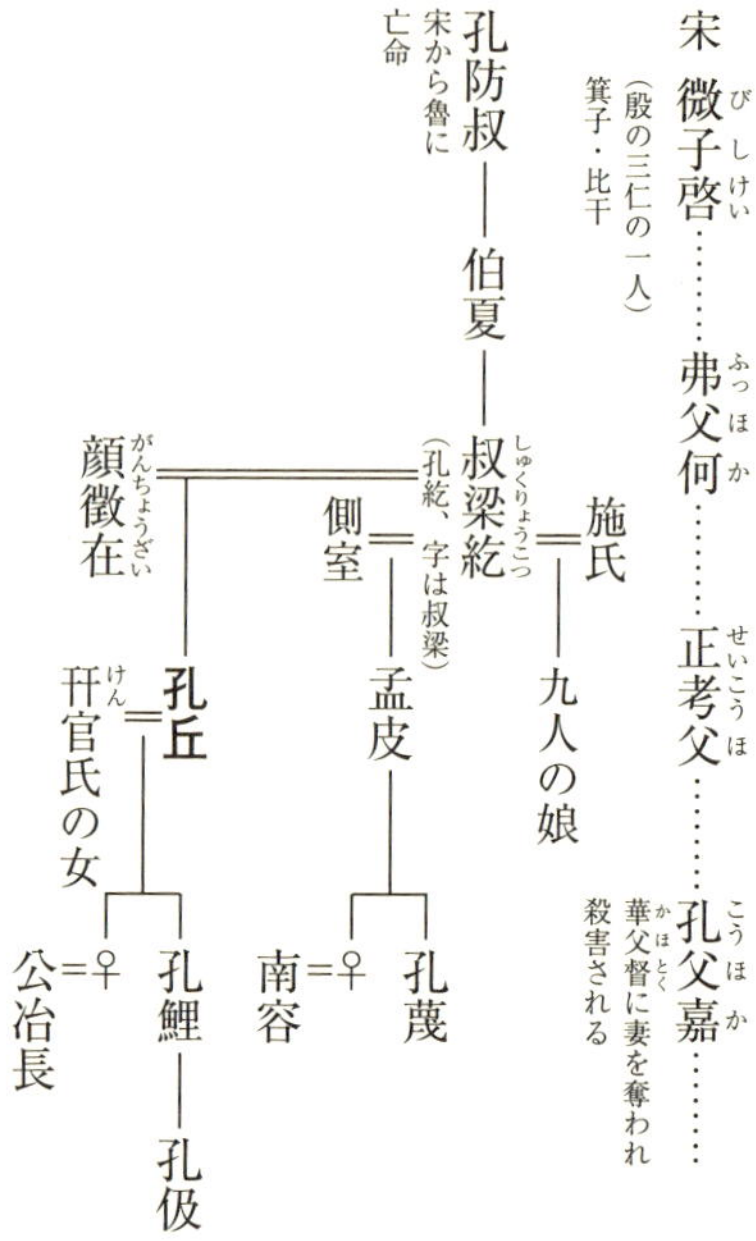

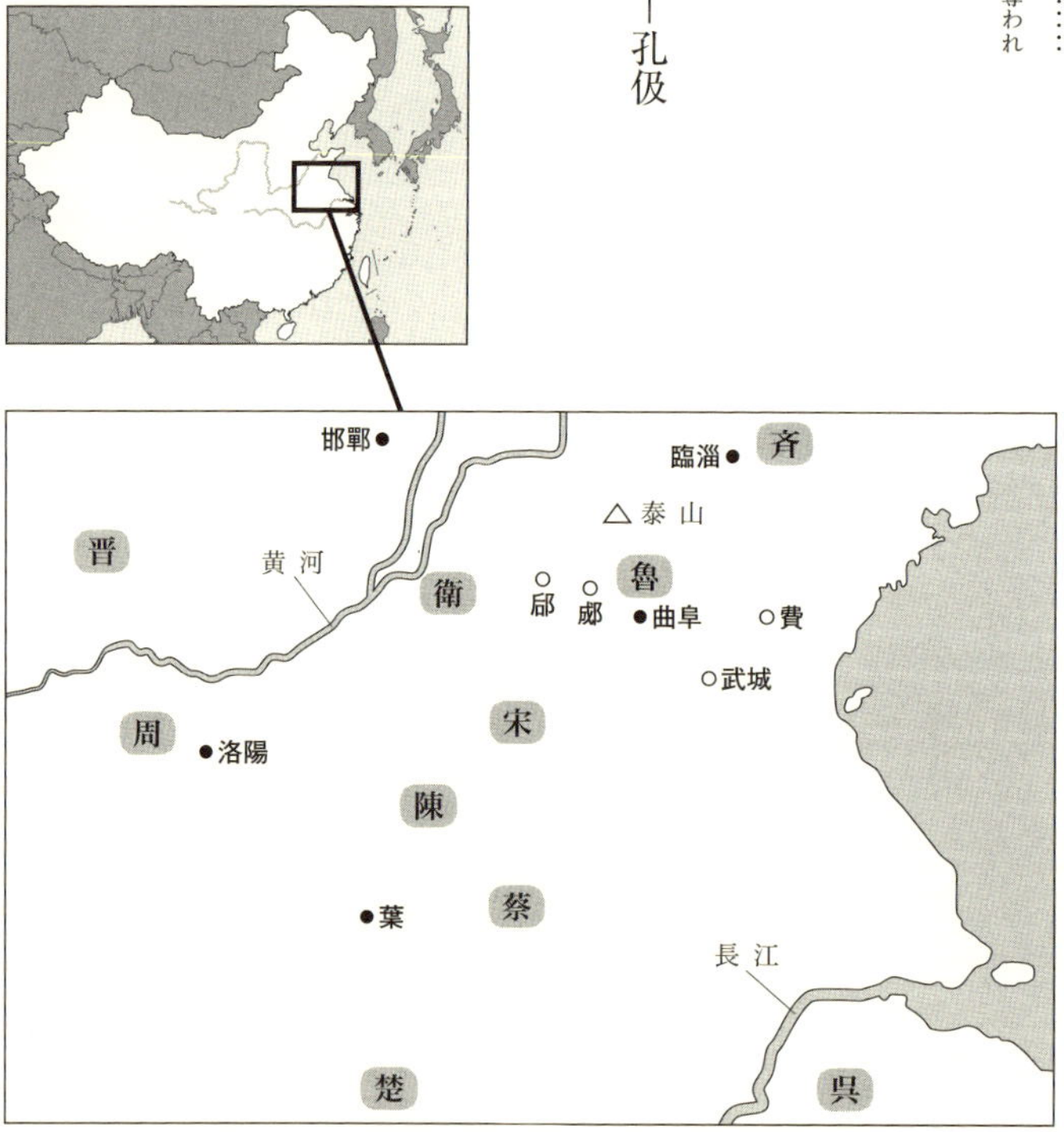

付録三　孔子の弟子たち

通称	姓	名	字	出身地	孔子との年齢差	孔子没時の年齢	先進後進	十哲及び四科	特徴
冉伯牛	冉	耕	伯牛	魯	七歳少	生死不明	先進	徳行	徳のある人。重病にかかる
子路	仲	由	子路 季路	魯	九歳少	死亡	先進	政事	粗暴だが、憎めない人柄
有若	有	若	子有	魯	一三歳少	六一歳	後進		容姿が孔子によく似ていた人
閔子騫	閔	損	子騫	魯	一五歳少	五九歳	先進	徳行	寡黙な人物
顔路	顔	無繇	路	魯	六歳少	六八歳	先進		顔回の父
冉有	冉	求	子有	魯	二九歳少	四五歳	先進	政事	温和で控えめな人
仲弓	冉	雍	仲弓	魯	二九歳少	四五歳	先進	徳行	指導者になれる人と評価さる
宰我	宰	予	子我	魯	二九歳少	四五歳	先進	言語	言葉巧み、有言不実行な人
顔淵	顔	回	子淵	魯	三〇歳少	死亡	先進	徳行	孔子門弟中、最も優れた弟子
高柴	高	柴	子羔	斉	三〇歳少	四四歳	先進		愚直な人
子貢	端木	賜	子貢	衛	三一歳少	四三歳	先進	言語	機敏に対応する、秀才タイプ
原憲	原	憲	子思	魯	三六歳少	三八歳	先進		清廉な人物だが、常に貧乏
澹臺滅明	澹臺	滅明	子羽	魯	三九歳少	三五歳	後進		公私の区別を明らかにした人
公冶長	公冶	長	子長	斉	年齢不詳		先進		孔子の娘を妻にする
曽點	曽	點	子皙	魯	年齢不詳		先進		曽参の父。親子そろって門人
公西華	公西	赤	子華	魯	四二歳少	三二歳	先進		儀礼に通じ孔子の葬儀委員長
子夏	卜	商	子夏	衛	四四歳少	三〇歳	後進	文学	孔子没後一門を開いた
子游	言	偃	子游	呉	四五歳少	二九歳	後進	文学	礼の学問に秀でた人
曽参	曽	参	子輿	魯	四六歳少	二八歳	後進		魯における儒学の中心的存在
顓孫師	顓孫	師	子張	陳	四八歳少	二六歳	後進		行動がはったり気味で自信家

◆孔子没後の弟子の行動

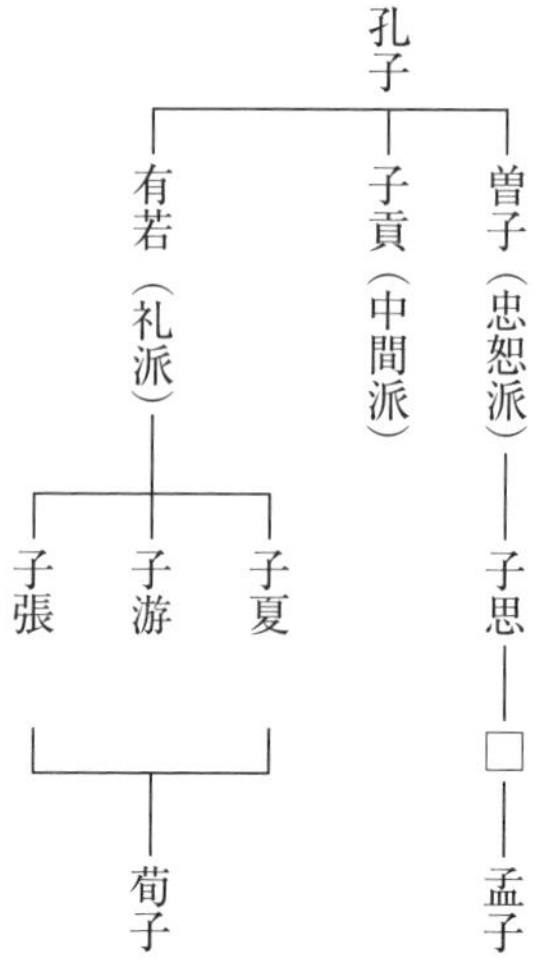

孔子没後に弟子たちが「三年の喪」として孔子の墓のまわりに庵をつくり、師に対する死後の孝養を尽くした。このとき、直弟子が孔子から語り伝えられた言葉や事跡を収集したはずである。弟子たちが去って、子貢がさらに「三年の喪」を実施する。この期間（注1）に子貢を中心にして魯にいる曾子や子思が収集した資料の整理にあたった可能性が考えられる。

魯で原形論語が編集された後に、修正や追加された部分があり、戦国末期までの百数十年の間に、場所的には斉・魯の地で何度かの増改定の作業がなされたであろう。

孔子没後、弟子たちが四方に分散したとき、魯以外の地で儒学の隆盛であった地域としては、『史記』儒林伝によれば、以下の地をあげることができる。

衛（子路が生前に活躍）・陳（子張）・楚（澹台滅明）・魏（子夏）・斉（子貢）

斉では威王（在位前三五八〜前三二〇）・宣王（前三一九〜前三〇一）の時期に孟子・荀子が活躍して、孔子の学説を重んじた。

注1　直弟子によって語り伝えられた言葉や事跡が、集めて整理され、いわば論語の原形にあたる伝聞集がまとまり始めたのは、おそらく孫弟子の時代に、魯においてであろう。（木村英一『孔子と論語』による）

◆先進／後進について

子曰、先進於㆓礼楽㆒、野人也。後進於㆓礼楽㆒、君子也。如用㆑之、則吾従㆓先進㆒。（先進一）

子曰《しい》はく、先進《せんしん》の礼楽《れいがく》に於《お》けるや、野人《やじん》なり。後進《こうしん》の礼楽《れいがく》に於《お》けるや、君子《くん》子なり。如《も》し之《これ》を用《もち》ひば、則《すなは》ち吾《われ》は先進《せんしん》に従《したが》はん。

【解説】孔子は弟子たちの「先進」と「後進」と入門した時期による特色の違いを述べている。「先進」とは先輩にあたり、孔子が魯の国を出た、前四九七年（五十六歳）以前に入門した弟子たちのことをいう。「後進」とは後輩にあたり、魯国を出国した後に入門した弟子たちのことをいう（注2）。「先進」と「後進」の弟子の決定的な違いは、孔子が魯の国で宰相代理として政治手腕を発揮したことを直接体験できた「先進」の弟子と、諸国遍歴の旅から帰国した孔子が弟子たちの教育に全力を傾けて育成した「後進」の弟子という違いがある。

　したがって「先進」の「野人」とは、原義は「農業労働に従事する郊外に住む農民」の意であるが、ここでは「周初以来の伝統的な文化や礼儀を尊重し、遵守する者」の意になる。また、「後進」の「君子」とは孔子の晩年に入門した弟子たちの「国都の近郊に住む文化的な教養をもつ紳士」の意となる。「先進の礼楽」とは、荒けずりではあるが素朴で実質的な礼楽・文化をいう。「後進の礼楽」とは、洗練された精度の高い文華のある礼楽・文化をいう。

　ところで、孔子が本格的に門弟子の教育に全力を傾けたのは、諸国遍歴の旅から魯に帰ってきた晩年の五年間であった。孔子の教育目標は、士たるに恥じない教養ある人格者としての君子の養成であった。学校のカリキュラムには普通教育と高等教育があった。

　普通教育としては、六芸（教養）が主であった。礼（作法）・楽（初歩音楽）・射（弓術）・御（御者）・書（読み書き）・数（そろばん）の六芸をマスターしていれば、当時の人は知的教養人として評価した。

　高等教育としては、詩・書・礼・楽（必修専門科目）を学び、君子としての道徳性の高い人格の陶冶を育成目標とした。

注2　貝塚茂樹は、先進の弟子には、子路・冉有・宰我・子貢・顔淵・閔子騫・冉伯牛・仲弓・原憲・子羔・公西華が、後進の弟子には、子游・子夏・子張・曽子・樊遅・漆雕開・澹台滅明が入ると述べている。

◆孔門四科十哲について

子曰、従我於陳蔡者、皆不及門也。徳行、顔淵・閔子騫・冉伯牛・仲弓。言語、宰我・子貢。政事、冉有・季路。文学、子游・子夏。　（先進二）

子曰《しい》はく、我《われ》に陳《ちん》・蔡《さい》に従《したが》ひし者《もの》は、皆門《みなもん》に及《およ》ばざるなり。徳行《とくこう》には、顔淵《がんえん》・閔子騫《びんしけん》・冉伯牛《ぜんはくぎゅう》・仲弓《ちゅうきゅう》。言語《げんご》には、宰《さい》我《が》・子貢《しこう》。政事《せいじ》には、冉有《ぜんゆう》・季路《きろ》。文学《ぶんがく》には、子游《しゆう》・子夏《しか》。

【現代語訳】先生が言われた。「私とともに（長い諸国をめぐる旅のなかでも、最も危機的な状況の）陳蔡での危難に遭遇した弟子たちは、あるものは出仕し、あるものは帰国し、あるものは死んでしまい、今ここにいなくなってしまった。弟子たちのなかには、それぞれ才能の優れていた弟子がいた。

徳行（心の豊かさ）には、顔淵・閔子騫・冉伯牛・仲弓。
言語（弁説の巧みさ）には、宰我・子貢。
政事（政治手腕）には、冉有・子路（季路）。
文学（学問）には、子游・子夏。

◆『論語』の成立に関する説

『論語』の成立に関して、木村英一『孔子と論語』の内容を要約すると、以下のようになる。

①『論語』の中核となっている部分は、孔子が晩年に魯で塾を開いて教育に専念したときに、そこで語り交わされた師友の間の見聞や伝聞のなかから最初の資料が出ているであろう。それが儒家後学に伝誦されていく間に、孔門外の世間が伝えている孔子およびその周辺に関する伝聞が加えられ、だんだんと整理し記録し編輯することが行われたであろう。

②直弟子に語り伝えられた言葉や事跡が集めて整理され、いわば原形にあたる伝聞集がまとまり始めたのは、おそらく孫弟子の時代の魯においてであろう。

③孫弟子時代に『論語』の原形が魯で編輯し始められて以後、追加された部分がかなりあろう。おそらく戦国時代末期（前三世紀）までの百数十年間に、場所的には斉・魯の地で追加がなされたであろう。

孔子没後、弟子が四方に分散したとき、魯以外の地で儒学の重要地盤となったのは、最初に衛、次に魏、最後に斉であり、また陳や楚にも儒学が伝播したことが考えられる。

自二孔子卒一後、七十子之徒、散二遊諸侯一、大者為二師傅卿相一、小者友二教士大夫一、或隠而不レ見。故子路居レ衛、子張居レ陳、澹台子羽居レ楚、子夏居二西河一、子貢終二於斉一。如二田子方・段干木・呉起・禽滑釐之属一、皆受二業於子夏之倫一、為二王者師一。是時独魏文侯好レ学。（『史記』儒林伝）

孔子の死後、その七十余人の弟子たちは、魯の国を去って諸侯の国へと旅立っていった。そのうちの影響力が大なるものは諸侯の師傅《しふ》・卿相《けいしょう》となり、活躍が小なるものは士大夫の友人になって教え、あるいは隠世して現われなかった。子路は衛におり、子張は陳におり、澹台子羽《たんだいしう》は楚におり、子夏は西河におり、子貢は斉で生涯を終わった。田子方《でんしほう》・段干《だんかん》木《ぼく》・呉起《ごき》・禽滑釐《きんかつり》らは、みな学業を子夏に受けて王者の師となった。この時代に魏の文侯だけが学問を愛好し、学芸・文化を盛んにした。

付録四　『論語』に登場する主な人物

◆『春秋』記載の魯の十二諸侯（隠公～哀公）と三桓氏

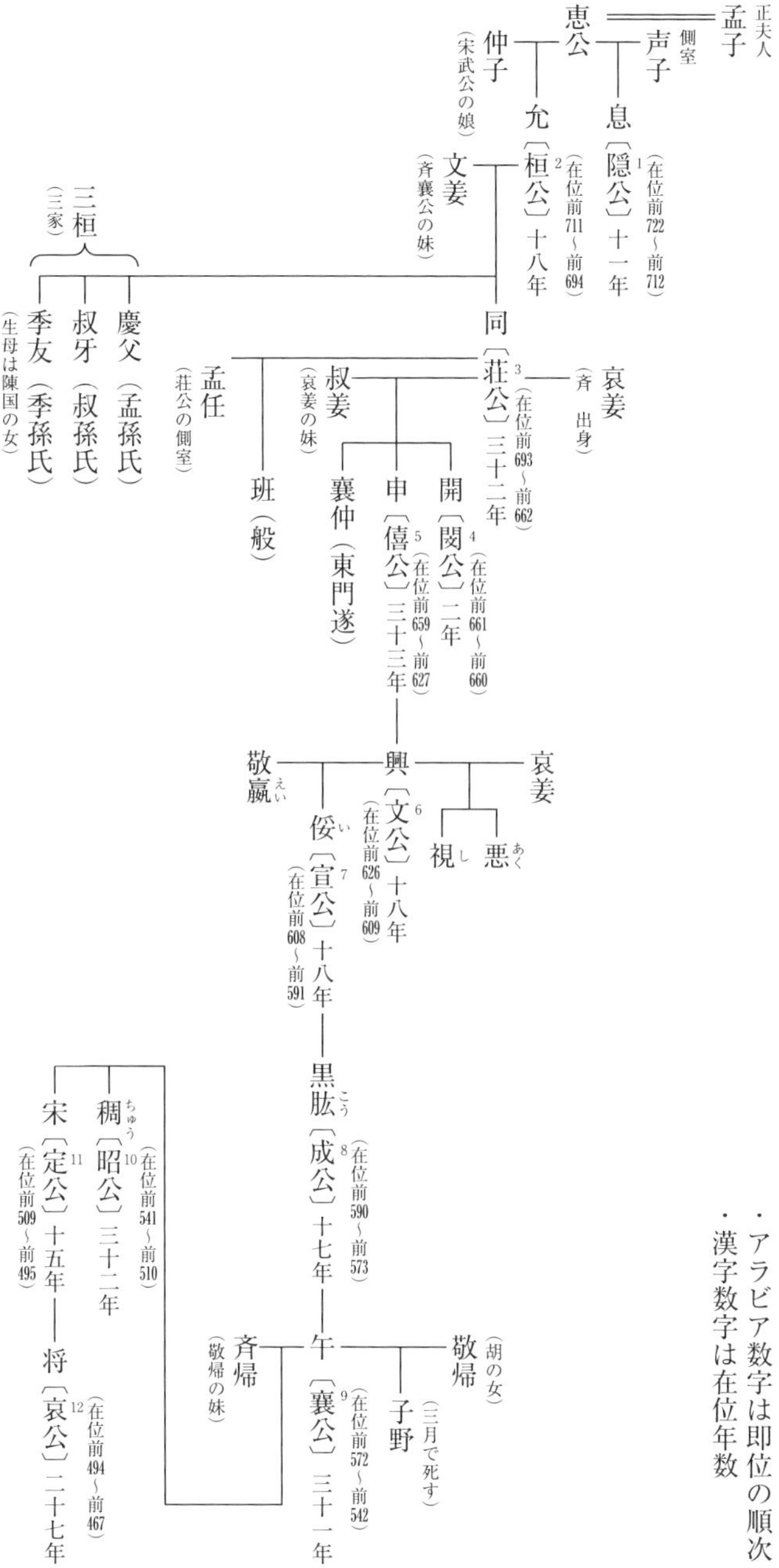

・アラビア数字は即位の順次
・漢字数字は在位年数

◆三桓氏の家系図（注1・注2）

○孟孫（慶父）[1]―公孫敖《ごう》[2]―仲孫穀《こく》[3]―仲孫難[4]―仲孫蔑《べつ》[5]―仲孫速[6]―仲孫羯《かつ》[7]―仲孫貜《かく》[8]―仲孫何忌《かき》[9]―仲孫彘《てい》[10]―仲孫捷《しょう》[11]

　共仲　孟穆伯《ぼくはく》　孟文伯　孟恵叔　孟献子　孟荘子　孟孝伯　孟僖子《きし》　孟懿子《いし》　孟武伯　孟敬子

○叔孫（叔牙《しゅくが》）[1]―叔孫戴伯[2]―叔孫得臣[3]―叔孫僑《きょう》如[4]―叔孫豹《ひょう》[5]―叔孫婼《じ》[6]―叔孫不敢[7]―叔孫州仇《しゅうきゅう》[8]―叔孫舒《じょ》[9]

　僖叔《きしゅく》　公孫茲《し》　荘叔　荘宣伯　荘穆《ぼく》叔　荘昭子　荘成子　荘武叔　荘文子

○季孫（季友）[1]―仲無佚《むいつ》[2]―季孫行父[3]―季孫宿[4]―季孫意如[5]―季孫斯《し》[6]―季孫肥[7]―季孫強[8]

　成季友　季文子　季武子　季平子　季桓子　季康子　季昭子

◆三桓氏

三桓氏は、魯の桓公の子孫であるので、三桓と称する。孟《もう》孫《そん》氏（初めは仲孫《ちゅうそん》氏といった）・叔孫氏・季孫氏の三氏を三桓氏という。兄弟の順に「孟・仲・叔・季」と名前で呼ぶことに従っている。

桓公の死後、魯の君主となった荘公は、斉から亡命した公子糾《きゅう》を擁立した。公子糾を斉に送りとどけるために斉へと出向いた。国境で待伏せをした斉の桓公の軍に敗れ、帰国した。

荘公は死を前にして、弟の叔牙に後嗣について相談した。叔牙は兄の慶父を推した。荘公は慶父が気に入らないので季友に相談した。季友は斑《はん》を推した。そこで荘公は叔牙に鴆《ちん》薬（毒薬）で死なせた。荘公の死後、季友が斑を立てて魯の君とした。ところが慶父は馬丁の犖《らく》に命じて斑を殺害する。（五十五日の在位）慶父は魯の君主となろうとする野心をもち、閔（閔公《びんこう》）を殺す。（在位一年）季友が陳にいた申を奉じて魯国に申を即位させて僖公とした。慶父は莒《きょ》に亡命したが、季友は莒にわいろを贈り、慶父を帰国させて自殺に追いやった。これ以降、三桓氏の末裔が魯の国の実権を握り、魯の国を支配する。

季孫氏の三代目の季文子が魯の三つの重要な職、司徒《しと》（文部大臣）・司馬《しば》（軍事長官）・司空《しくう》（土地・食の管理）を三桓氏で独占し、襄公を無視して権勢をほしいままにした。そして、四代目の季武子は襄公一一年（前五四二）に魯国の土地を三分して三桓氏の所有とした。五代目の季平子は昭公二五年（前五一七）に昭公を国外に追放し、昭公は斉で没した。

◆衛の君主

周公旦が弟の康叔《こうしゅく》を封じて治めさせた国。

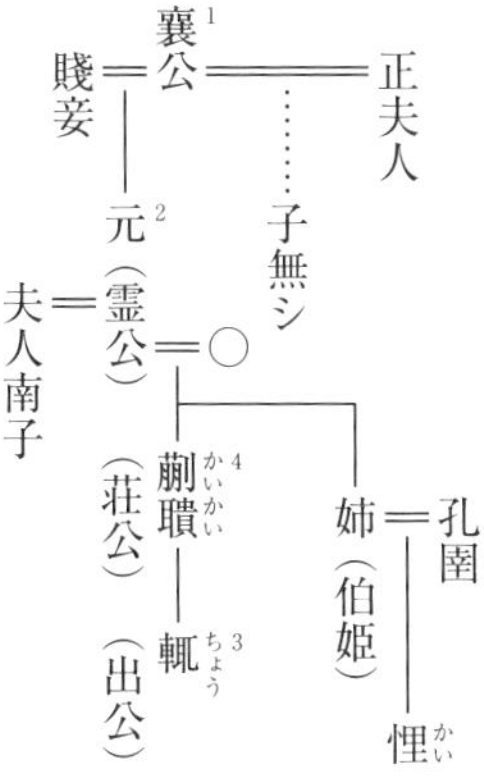

霊公は襄《じょう》公の庶子。名は元《げん》。七歳で即位し、在位四十二年。民衆に善政をいきわたらせることはできなかったが、賢臣に助けられた。

夫人の南子に溺れて政治を顧みず、太子の蒯聵《かいかい》とその子、輒《ちょう》による君主争いの内乱が起こった。

孔子は五十六歳、魯を去り衛に行き、魯の定公のときと同じ待遇を受けたが、一年たらずで去る。その後もしばしば衛を訪れている。

出《しゅく》公は名は輒《ちょう》。出公といい、出公輒と呼ぶ。父の蒯聵《かいかい》が品行が悪い義母の南子を殺そうとして失敗し、宋から晋に亡命した。霊公が死に、出公が即位したが蒯聵は認めず、以後十六年にわたる親子の争いが続き、出公輒はついに即位して十二年で魯に逃れた。このとき、蒯聵の姉の伯姫がわが子の孔《こう》悝《かい》に蒯聵に加担するよう脅迫した。孔家の宰であった子路に反乱の起こったことが告げられて、子路が戦って死んだ。蒯聵が即位して荘公となった。その後荘公は即位して三年で、趙簡子に攻められ、衛の国から亡命した。出公輒は四年後に復帰した。

注1　三桓氏の家系図は『諸橋轍次著作集　第七巻』（三桓世系表一八二頁）に基づき、江連孝『論語と孔子の事典』（三桓氏世系図一一八頁）を参照して作成した。

注2　三桓氏の家系図は、「孟孫（仲孫）＋名」、「孟＋諡（贈り名）」、「叔孫＋名」、「荘＋諡（贈り名）」、「季孫＋名」、「季＋諡（贈り名）」の原則で作成した。ただ、名と諡（贈り名）について「叔孫載伯」の「載伯」が名か諡かは不明な人物の例もある。この当時の呼称については、号や領地の名であったり、死後の諡であったりと、さまざまな例が混在している。

文献

本書の執筆にあたっては、多くの『論語』に関する文献（研究書・注釈書など）を参考にした。とくに以下の注釈書の特色を参考にしつつ解釈した。

なお、文献に関する詳細は拙著『時代を超えて楽しむ『論語』』の「付録四　文献解題ならびに『論語』・孔子の参考文献・研究書・注釈書」を参考にされたい。

○宇野哲人『論語新釈』（講談社学術文庫、一九八〇）

○江連隆『論語と孔子の事典』（大修館書店、一九九六）

○小倉紀蔵「第三の〈いのち〉の思想としての『論語』」河出書房新社編集部編『「論語」入門　古いからこそいつも新しい思想』（河出書房新社、二〇一五）所収

○小倉紀蔵『新しい論語』（ちくま新書、二〇一三）

「原儒はシャーマンである」という説に対して、「孔子が〈アニミズム〉を奉じて、真理は天や神にあるのではなく、人と人の〈あいだ〉にある」という新説を提示している。

○貝塚茂樹訳注『論語』（中公文庫、一九七三）

孔子の活躍した時代などの歴史的背景について詳述している。

○郭沫若『中国古代の思想家たち　上』（野原四郎、佐藤武敏、上原淳道訳、岩波書店、一九五三）

○金谷治『論語』（岩波文庫、一九六三／改訂版、一九九九）

鄭玄注を主としながら、わかりやすく解釈している。

○木村英一『東洋学叢書　孔子と論語』（創文社、一九七一）

○木村英一訳注『論語』（講談社文庫、一九七五）

二十篇の成立に関して各篇の冒頭に解説し、古注・新注・諸家の注を適切に取り上げている。

○呉智英『現代人の論語』（文藝春秋、二〇〇三／文春文庫、二〇〇六／ちくま文庫、二〇一五）

○桑原武夫『論語』（ちくま文庫、一九八五）／『中国詩文選四　論語』（筑摩書房、一九七四）所収

西洋哲学と比較しつつ、論語の解釈に新しい視点を提示している。

○下村湖人『論語物語』（講談社学術文庫、一九八一）

○高橋和巳「論語―私の古典」『高橋和巳全集　第十二巻評論二』（河出書房新社、一九七八）所収

○中島敦「弟子」『山月記・李陵　他九篇』（岩波文庫、一九九四）／『ちくま日本文学　中島敦』（ちくま文庫、二〇〇八）などに所収

○平岡武夫『全釈漢文大系　第一巻論語』（集英社、一九八〇）

○諸橋轍次『掌中論語の講義』（大修館書店、一九六三／改訂、一九七三）／『諸橋轍次著作集　第五巻』（大修館書店、一九七六）所収

○諸橋轍次『諸橋轍次著作集　第七巻』（大修館書店、一九七七）

○吉川幸次郎『中国古典選　論語　上・中・下』（朝日文庫、一九七八）／『吉川幸次郎全集　第四巻』（筑摩書房、一九八四）所収

古注・新注・清儒の考証学者の説を用い、さらに仁斎・徂徠などのわが国の儒者の説を適切に取り上げている。

○吉田賢抗『新釈漢文大系　論語』（明治書院、一九六一）

古注・新注など諸注を詳述しながら注釈している。

おわりに

伊藤仁斎は『論語』を「最上至極宇宙第一書」と絶賛した。また、「孔子は東洋の一大聖人にして其人格の偉大なる、其感化の悠遠なる、何人か能く之に匹敵するを得ん。」（蟹江義丸『孔子研究』）と孔子は東洋の一大聖人として尊崇されてきた。

『論語』は孔子とその弟子たちの言行録である。このことは班固の撰した『漢書』芸文志《げいもんし》に次のように記されている。「論語とは、孔子、弟子時人に応答し、及び弟子相《あい》ともに言ひて、夫子に接聞せし語なり。当時弟子各々《おのおの》記するところあり。夫子既に卒して、門人相ともに輯《あつ》めて論篹《ろんせん》す。故に之を論語と謂ふ。」

この『漢書』芸文志の言葉を冒頭に引き、藤塚鄰は、『論語』の編纂の学説を提示している（『論語総説』）。つまり、論語の内容は、孔子が弟子やその当時の人々と応答した言葉と、弟子たちが互いに討論し、孔子に直接聞きとった言葉とであり、その言葉を筆録集録したのは、孔子の弟子で、それを編纂したのは孔子没後の門人であると述べ、定説となっている。ただ、弟子のだれが記録し、いつ頃の門人が編纂したものであるかは、まだ未解決である。子張が「紳に書す」（衛霊公篇）と孔子の言葉を記録したり、子游が「偃《えん》や諸《これ》を夫子に聞けり」（陽貨篇）とか、曾子が「吾《われ》諸を夫子に聞けり」（子張篇）と、直接聞いたと述べている章がある。

ところが、儒教の国教化について、前一三六年に、漢の武帝が五経博士を設けたことによって、儒教が国教とされたことに対して、異議が提示され、儒教の国教化を後漢時代に移行すべきだとの新説が出されている。この主張に関連して、国教化された儒教を国家儒教とし、それ以前の儒学・儒教と区別すべきだとの意見が提示されるようになってきた。つまり、国家儒教として漢王朝から清王朝に至るまでの時代の儒学・儒教に基づき理論化され、確立された国家統治の原理や官僚組織・礼の規定や細則等については、原始儒教ないしは、孔子が主張した思想や概念のなかには、言及されていないはずである。

近年、『論語』について、新しい視点で読み解く意見が出されるようになってきた。

小倉紀蔵は「第三の〈いのち〉の思想としての『論語』」で、次のように問答体で述べている。要約すると、「仁は統治の理論か」の問いに対して、「孔子の理論では、大きな国は統治できません。何らかの普遍的な定義、道徳は何か、生命とは何か、そういう定義がなければ、統治というのはできませんから。（略）仁に対して孔子は一回も定義していません。弟子たちにそれぞれ違うことを言っている事実も二千年間の『論語』解釈史の謎です。」と主張している。

『論語』のなかで、孔子が「仁」について語った章句は「子曰」で述べた十五章と、弟子たちが「仁を問ふ」と孔子に尋ねた七章がある。とくに「子曰」のなかで「仁」を語った章には、次のようなものがある。

子曰、巧言令色、鮮矣仁。（学而篇）

子曰、苟志於仁矣、無悪也。（里仁篇）

子曰、剛毅木訥、近仁。（子路篇）

これらの章句では「仁」を明確な論理で定義せず、「仁」の概要を述べているだけである。

孔子は「仁」という語に従来にはない新たな価値観を付与して、新概念の「仁」を創造した。けれども、それは具体的な実践道徳・倫理としての概念であり、明確な概念規定や用語についての定義づけをしていない。そのために弟子たちは「問仁」という質問をして、その内容を明確にしようと努力するのである。孔子が新しい価値観を付与し、創造した「仁」「礼」などの諸概念は、直弟子たちやその弟子たちの門弟たちに伝承されていくなかで、明確な概念規定がなされ、後代へと伝承されていった。

『論語』を読み解くためには、弟子たちの視点から、孔子の真意や諸概念の原義を探究することが必要となってくるはずである。

孔子は人類にとって卓越した思想家・教育者であった。けれども『論語』という書として孔子の偉業を後世へ伝えようとした弟子たちの情熱や思いを理解しなければ『論語』の真の理解には至らないだろう。

〈弟子の視点から読み解く『論語』〉というテーマで、今回十三名の弟子に限定して『論語』の章句を読み解こうと試みた。その結果、孔子の逆鱗に触れ、激しく叱責された冉有・宰我らについて、従来とは異なる視点が得られた。今日まで伝承されてきた厖大な注釈を精査しながら、歴史的背景や登場人物を考察して、『論語』の原義をさらに究明していきたいと考えている。

最後に、校正時にご協力いただいた鶴見康了氏に心からお礼申し上げます。また、本書出版の労をとっていただいた朝倉書店編集部の皆様に深甚なる謝意を表します。

二〇一九年五月

謡口　明

著者略歴

謡口《うたぐち》　明《はじめ》

1943 年　鳥取県に生まれる
1968 年　東京教育大学大学院文学研究科中国古典学科修士課程修了
現　在　文教大学名誉教授
　　　　全国漢文教育学会副会長
　　　　公益財団法人斯文会常務理事
　　　　一般社団法人漢字文化振興協会常務理事
主　著　『諸子百家を語る—混迷の時代を生きる　上・下』（NHK 出版，1999-2000 年）
　　　　『荀子のことば』（明徳出版社，2007 年）
　　　　『時代を超えて楽しむ『論語』』（朝倉書店，2012 年）
　　　　『ポケット版 慣用句・故事ことわざ辞典』（監修，成美堂出版，2014 年）

漢文ライブラリー
弟子の視点から読み解く『論語』　　定価はカバーに表示

2019 年 6 月 25 日　初版第 1 刷

著　者　謡　口　　明
発行者　朝　倉　誠　造
発行所　株式会社　朝　倉　書　店
東京都新宿区新小川町 6-29
郵 便 番 号　162-8707
電　話　03（3260）0141
F A X　03（3260）0180
http://www.asakura.co.jp

〈検印省略〉

教文堂・渡辺製本

ISBN 978-4-254-51588-6　C 3381　　Printed in Japan

前立大 沖森卓也・東海大 曺　喜澈編著
日本語ライブラリー
韓国語と日本語
51612-8 C3381　A5判 168頁 本体2600円

日韓対照研究により両者の特徴を再発見。韓国語運用能力向上にも最適。〔内容〕代名詞／活用／助詞／用言／モダリティー／ボイス／アスペクトとテンス／副詞／共起関係／敬語／漢語／親族語彙／類義語／擬声・擬態語／漢字音／身体言語

前立大 沖森卓也・白百合女大 山本真吾編著
日本語ライブラリー
文章と文体
51614-2 C3381　A5判 160頁 本体2400円

文章とは何か，その構成・性質・用途に最適な表現技法を概観する教科書。表層的なテクニックを身につけるのでなく，日々流入する情報を的確に取得し，また読み手に伝えていくための文章表現の技法を解説し，コミュニケーション力を高める。

沖森卓也・阿久津智編著
岡本佐智子・小林孝郎・中山惠利子著
日本語ライブラリー
ことばの借用
51613-5 C3381　A5判 164頁 本体2600円

外来の言語の語彙を取り入れる「借用」をキーワードに，日本語にとりいれられてきた外来語と外国語の中に外来語として定着した日本語を分析する。異文化交流による日本語の発展と変容，日本と日本語の国際社会における位置づけを考える。

前立大 沖森卓也・東洋大 木村　一編著
日本語ライブラリー
日本語の音
51615-9 C3381　A5判 148頁 本体2600円

音声・音韻を概説。日本語の音構造上の傾向や特色を知ることで，語彙・語史まで幅広く学べるテキスト。〔内容〕言語と音／音声／音節とモーラ／アクセント／イントネーションとプロミネンス／音韻史／方言／語形と音変化／語形変化

前立大 沖森卓也・東大 肥爪周二編著
日本語ライブラリー
漢語
51616-6 C3381　A5判 168頁 本体2700円

現代日本語で大きな役割を果たす「漢語」とは何か，その本質を学ぶことで，より良い日本語の理解と運用を目指す。〔内容〕出自からみた漢語／語形からみた漢語／語構成からみた漢語／文法からみた漢語／意味からみた漢語

前立大 沖森卓也・早大 笹原宏之編著
日本語ライブラリー
漢字
51617-3 C3381　A5判 192頁 本体2900円

漢字の歴史，文字としての特徴，アジアの各地域で遂げた発展を概観。〔内容〕成り立ちからみた漢字／形からみた漢字／音からみた漢字／義からみた漢字／表記からみた漢字／社会からみた漢字（日本，中国・香港・台湾，韓国，ベトナム）

前早大 中村　明・前早大 佐久間まゆみ・
お茶女大 髙崎みどり・早大 十重田裕一・
共立女大 半沢幹一・早大 宗像和重編
日本語 文章・文体・表現事典（新装版）
51057-7 C3581　B5判 848頁 本体16000円

文章・文体・表現にその技術的な成果としてのレトリック，さらには文学的に結晶した言語芸術も対象に加え，日本語の幅広い関連分野の知見を総合的に解説。気鋭の執筆者230名余の参画により実現した，研究分野の幅および収録規模において類を見ないわが国初の事典。〔内容〕文章・文体・表現・レトリックの用語解説／ジャンル別文体／文章表現の基礎知識／目的・用途別文章作法／近代作家の文体概説・表現鑑賞／名詩・名歌・名句の表現鑑賞／文章論・文体論・表現論の文献解題

前東北大 佐藤武義・前阪大 前田富祺編集代表
日本語大事典
【上・下巻：2分冊】
51034-8 C3581　B5判 2456頁 本体75000円

現在の日本語をとりまく環境の変化を敏感にとらえ，孤立した日本語，あるいは等質的な日本語というとらえ方ではなく，可能な限りグローバルで複合的な視点に基づいた新しい日本語学の事典。言語学の関連用語や人物，資料，研究文献なども広く取り入れた約3500項目をわかりやすく丁寧に解説。読者対象は，大学学部生・大学院生，日本語学の研究者，中学・高校の日本語学関連の教師，日本語教育・国語教育関係の人々，日本語学に関心を持つ一般読者などである。

前筑波大 北原保雄監修　前大東文化大 早田輝洋編
朝倉日本語講座 1
世界の中の日本語（新装版）
51641-8 C3381　A 5 判 256頁 本体3400円

〔内容〕諸言語の音韻と日本語の音韻／諸言語の語彙・意味と日本語の語彙・意味／日本語の文構造／諸言語の文字と日本語の文字／諸言語の敬語と日本語の敬語／世界の方言と日本語の方言／日本語の系統／日本語教育／他

前筑波大 北原保雄監修　聖徳大 林　史典編
朝倉日本語講座 2
文字・書記（新装版）
51642-5 C3381　A 5 判 264頁 本体3400円

〔内容〕日本語の文字と書記／現代日本語の文字と書記法／漢字の日本語への適応／表語文字から表音文字へ／書記法の発達(1)(2)／仮名遣いの発生と歴史／漢字音と日本語(呉音系, 漢音系, 唐音系字音)／国字問題と文字・書記の教育／他

前筑波大 北原保雄監修　前東大 上野善道編
朝倉日本語講座 3
音声・音韻（新装版）
51643-2 C3381　A 5 判 304頁 本体3400円

〔内容〕(現代日本語の)音声／(現代日本語の)音韻とその機能／音韻史／アクセントの体系と仕組み／アクセントの変遷／イントネーション／音韻を計る／音声現象の多様性／音声の生理／音声の物理／海外の音韻理論／音韻研究の動向と展望／他

前筑波大 北原保雄監修　東北大 斎藤倫明編
朝倉日本語講座 4
語彙・意味（新装版）
51644-9 C3381　A 5 判 304頁 本体3400円

語彙・意味についての諸論を展開し，その研究成果を平易に論述。〔内容〕語彙研究の展開／語彙の量的性格／意味体系／語種／語構成／位相と位相語／語義の構造／語彙と文法／語彙と文章／対照語彙論／語彙史／語彙研究史

前筑波大 北原保雄監修・編
朝倉日本語講座 5
文法 I（新装版）
51645-6 C3381　A 5 判 288頁 本体3400円

〔内容〕文法について／文の構造／名詞句の格と副／副詞の機能／連体修飾の構造／名詞句の諸相／話法における主観表現／否定のスコープと量化／日本語の複文／普遍文法と日本語／句構造文法理論と日本語／認知言語学からみた日本語研究

前筑波大 北原保雄監修　前東大 尾上圭介編
朝倉日本語講座 6
文法 II（新装版）
51646-3 C3381　A 5 判 320頁 本体3400円

〔内容〕文法と意味の関係／文法と意味／述語の形態と意味／受身・自発・可能・尊敬／使役表現／テンス・アスペクトを文法史的にみる／現代語のテンス・アスペクト／モダリティの歴史／現代語のモダリティ／述語をめぐる文法と意味／他

前筑波大 北原保雄監修　早大 佐久間まゆみ編
朝倉日本語講座 7
文章・談話（新装版）
51647-0 C3381　A 5 判 320頁 本体3400円

最前線の高度な研究成果を平易に論述した本格的な日本語講座。〔内容〕文章を生み出す仕組み，文章の働き／文章・談話の定義と分類／文章・談話の重層性／文章・談話における語彙の意味／文章・談話における連文の意義／他

前筑波大 北原保雄監修　東大 菊地康人編
朝倉日本語講座 8
敬語（新装版）
51648-7 C3381　A 5 判 304頁 本体3400円

〔内容〕敬語とその主な研究テーマ／狭い意味での敬語と広い意味での敬語／テキスト・ディスコースを敬語から見る／「表現行為」の観点から見た敬語／敬語の現在を読む／敬語の社会差・地域差と対人コミュニケーションの言語の諸問題／他

前筑波大 北原保雄監修　日大 荻野綱男編
朝倉日本語講座 9
言語行動（新装版）
51649-4 C3381　A 5 判 280頁 本体3400円

〔内容〕日本人の言語行動の過去と未来／日本人の言語行動の実態／学校での言語行動／近隣社会の言語行動／地域社会と敬語表現の使い分け行動／方言と共通語の使い分け／日本語と外国語の使い分け／外国人とのコミュニケーション／他

前筑波大 北原保雄監修　前広大 江端義夫編
朝倉日本語講座10
方言（新装版）
51650-0 C3381　A 5 判 280頁 本体3400円

方言の全体像を解明し研究成果を論述。〔内容〕方言の実態と原理／方言の音韻／方言のアクセント／方言の文法／方言の語彙と比喩／方言の表現，会話／全国方言の分布／東西方言の接点／琉球方言／方言の習得と共通語の獲得／方言の歴史／他